AF264293

Un Cœur De Fils

Un voyage dans le cœur du Père

James Jordan

FATHERHEART
MINISTRIES
www.fatherheart.net

Fatherheart Media
www.fatherheart.net

À Jack et Dorothy Winter

CONTENTS

REMERCIEMENTS

Je ne saurais être suffisamment reconnaissant envers Jack Winter pour l'influence majeure qu'il a eue dans ma vie. Alors que j'étais jeune chrétien à l'école biblique, le Seigneur m'a révélé très clairement qu'il désirait que je sois 'un Josué' pour cet homme. Au cours des vingt-cinq années suivantes, Denise et moi avons d'abord été ses disciples, mais ensuite nous sommes devenus un fils et une fille spirituels pour lui. Tout comme Josué avait assimilé tout ce que le Seigneur avait ordonné à Moïse, j'ai essayé d'assimiler tout ce que le Seigneur avait transmis à Jack. Avant sa mort, il m'a imposé les mains et il a prié pour que le manteau de son onction me soit transmis. Depuis la mort de Jack, j'essaye, comme Josué l'a fait après la mort de Moïse, de conquérir le pays qui se trouve au-delà de la rivière où Jack était arrivé.

Je tiens à remercier chaleureusement John et Sandy Randerson, Jan et Randa Rijnbeek, mon épouse Denise et mes enfants, Jack Winter (de nouveau) ainsi que quelques autres qui n'ont cessé de croire en moi, m'ont soutenu et porté lorsque je n'étais plus capable de tenir la tête hors de l'eau.

Je voudrais remercier Stephen Hill pour le long travail apporté sans lequel ce texte n'aurait pas vu le jour. Merci aussi à Wilson et Erica Sze pour leurs encouragements et leur détermination à voir ce texte imprimé.

Je tiens à remercier les membres de Fatherheart Ministries International pour leur amitié et leurs encouragements pendant tout ce temps où nous avons exploré ensemble l'amour du Père.

Enfin – et les mots me manquent – si seulement ils existent –, MERCI à notre Dieu et Père pour son plan extraordinaire et sa capacité à transformer ma vie. Il était avec moi bien avant que je ne devienne chrétien et depuis que je suis chrétien il a été fidèle envers moi, sans être impressionné par mes succès ou mes échecs.

Dieu m'aime, tout simplement.

PRÉFACE

En 1977, Jack Winter a découvert quelque chose au beau milieu de la myriade de changements de direction et de réflexions du christianisme de l'époque. C'était comme un éclair aveuglant de pure lumière. Il a vu dans le cœur même de Dieu le Père. Les répercussions de ce qu'il a vu continuent à se faire ressentir à travers toute la chrétienté encore aujourd'hui.

Jack et Dorothy Winter avaient vécu une aventure extraordinaire jusqu'à ce jour. Remplis du Saint-Esprit et de foi, ils avaient exploré l'inconnu, abandonnant le monde et ses soucis pour connaître un niveau rare d'engagement au Saint-Esprit et à la Parole de Dieu. Très vite, des centaines d'autres personnes venues du monde entier les avaient rejoints dans ce qui s'appelait « Daystar Ministries ». C'est dans ce cadre de vie communautaire que Jack s'était ouvert à cette révélation du cœur même de Dieu.

Pendant les vingt-cinq dernières années de sa vie, Jack s'est servi des ressources extraordinaires de sa riche vie intérieure et de son expérience du ministère exclusivement pour faire connaître l'amour de Dieu autour de lui. Il a découvert que cet amour était en fait une substance qui pouvait être transmise et qui pouvait guérir ceux qui ont le cœur brisé. Sillonnant le monde, il a parcouru plus d'un million de kilomètres en avion, passé des journées entières à serrer des milliers de personnes dans ses bras et a vu Dieu guérir de façon merveilleuse. J'étais une de ces personnes. Jack avait vu la réalité de l'amour paternel de Dieu – l'aboutissement de la révélation du Nouveau Testament.

Ce livre raconte mon cheminement personnel vers et dans cette lumière. Jack a été pour moi un père spirituel et, avant sa mort en août 2002, il m'a imposé les mains pour me transmettre son manteau. Mais cette révélation éclatante de l'amour du Père qu'il avait reçu était encore incomplète. Il y a toujours plus. Voici le chemin que j'ai découvert vers le Père. Son amour, déversé dans mon cœur, m'a amené plus loin, de la vie de simple chrétien à celle de fils de Dieu. Cela s'est avéré n'être que le premier pas. Et il y a toujours plus, ce qui est passionnant.

James Jordan, Taupo 2012

CHAPITRE 1

La révélation du Père

~

Ces quinze dernières années, j'ai fait le tour du monde plus de trente-cinq fois, parlé dans d'innombrables conférences et églises, pour partager la révélation du Père. Je ressens souvent que le Seigneur m'amène autour du monde simplement pour dire aux gens ce qui s'est passé dans ma vie. Quelqu'un m'a dit un jour : « James, tu sembles penser que l'amour du Père est la réponse à tous les problèmes de l'humanité ». Est-ce que je crois vraiment cela ? Oui, je le crois de tout mon cœur.

Plus j'avance dans cette révélation de l'amour du Père et plus je réalise combien le christianisme a besoin d'une rénovation complète. Nous avons connu un christianisme bien trop centré sur ce que l'on doit faire. Et non pas sur qui Dieu est, ni sur ce que Lui a fait ! Nombre d'entre nous portons dans nos bagages une fausse présentation de l'évangile. On nous a enseigné que nous devions agir de notre propre initiative au lieu de considérer ce que Dieu avait fait de *sa* propre initiative. On nous a dit que nous avions été bénis afin d'être une bénédiction pour les autres. Or si nous avons été bénis c'est tout simplement parce que Dieu nous aime et qu'il souhaite ardemment nous bénir. On nous a présenté un évangile qui nous dit que nous devons travailler pour Dieu, mais je peux vous assurer que cela finira par vous mener au burnout. De plus en plus de chrétiens font le choix de quitter ce type de christianisme, qui consiste à chercher continuellement à plaire à Dieu et à travailler pour lui.

Le christianisme, c'est tout simplement ceci : Dieu vous aime et il désire que vous vous sentiez aimé de lui à chaque instant. C'est tout l'enjeu du christianisme. Prendre conscience de cet amour nous conduit dans le repos et le contentement, ainsi que dans une paix intérieure si contagieuse que les gens seront touchés simplement par qui nous sommes. Nous vivons un temps de rénovation, de réformation et de restauration du christianisme qui est, je crois, aussi significative que *la* Réforme elle-même.

CONNAÎTRE JÉSUS N'EST PAS LA MÊME CHOSE QUE CONNAÎTRE LE PÈRE.

L'impression que j'ai acquise du christianisme au fil des années, c'est que tout est centré sur Jésus. Le Père n'est mentionné qu'en passant. En effet, le Père ne semble être qu'au second plan comparé à la personne de Jésus. Je crois que c'est parce que nous nous concentrons tellement sur la personne de Jésus. Nous pensons que si nous connaissons Jésus et que nous avons eu une expérience avec lui, alors nous connaissons automatiquement le Père. Dans Jean 14:9, Jésus dit : « Celui qui m'a vu a vu le Père » ; c'est à partir de verset comme celui-là que les gens tirent de fausses conclusions. Il nous faut garder à l'esprit que Jésus *n'est pas* le Père et que le Père *n'est pas* Jésus. Donc Jésus ne disait pas : « Je suis le Père ». Il n'a jamais dit que le connaître lui était la même chose que connaître le Père. Il a dit que le Père était en lui et que c'est le Père qui accomplissait les œuvres au travers de lui.

Il prononçait les paroles que le Père lui disait de dire. Il a dit : « Je ne fais que ce que je vois mon Père faire », mais il n'a *jamais* dit : « Je *suis* le Père ».

Tout ce que nous enseignons doit être fondé sur l'Écriture. Si nous recevons une révélation qui n'est pas basée sur les Écritures, alors ce n'est pas une révélation venant de Dieu. Cependant, il est important de noter que marcher selon les Écritures n'est pas nécessairement la même chose que marcher avec Dieu. Si tu marches avec Dieu, tu marcheras *automatiquement* selon les Écritures. Nous marchons dans l'Esprit, pas dans la Parole, mais le Saint-Esprit ne va jamais nous conduire vers quoi que ce soit que la Parole n'ait confirmé. Les disciples n'ont jamais lu le Nouveau Testament, ils l'ont écrit ! Quelles étaient leurs sources ? Ils marchaient selon l'Esprit et l'Esprit leur a donné la Parole à écrire.

Un jour j'ai lu un passage d'Andrew Murray qui m'a beaucoup touché et qui exprime le but de ce livre. Il a écrit : « *L'amour du Père devrait avoir la même place pour nous que ce qu'il représentait pour Jésus* ». Voyez-vous la grande lacune dans notre vie chrétienne est que même lorsque nous faisons confiance au Christ nous laissons le Père de côté. *Mais Christ est venu pour nous conduire à Dieu le Père.* C'est le point central de sa venue : nous mener à Dieu le Père.

Andrew Murray a poursuivi : « *Cette vie de dépendance au Père que Jésus avait était une vie dans l'amour du Père* ». J'aime beaucoup cette déclaration ! La raison pour laquelle Jésus était capable de dépendre du Père est qu'il savait que l'amour de son Père était total et qu'il pouvait dépendre de cet amour. Pour tout ce qui arrivait dans sa vie, il dépendait entièrement de son Père. Puis Andrew Murray déclare ce que j'aime le plus : « *L'amour du Père devrait avoir la même place pour nous que ce qu'il représentait pour Jésus* ». Quelle était la place de l'amour du Père dans la vie de Jésus ? Quelle importance avait l'amour du Père pour Jésus ? Il faudrait répondre que c'était tout ! Il se réjouissait de faire la volonté du Père. Il vivait dans l'expérience et la connaissance de l'amour du Père envers lui. Il était dans le sein même du Père, demeurant éternellement là, dans le cœur du Père. C'est là qu'était sa place.

Je crois qu'aujourd'hui nous sommes les témoins d'une révélation qui commence à balayer le monde, une lame de fond venue de l'océan qui est sur le point de se déverser sur le rivage tel un raz-de-marée : c'est la restauration de la place du Père dans la vie chrétienne.

Derek Prince, qui commentait Jean 14:6 (où Jésus a dit : *C'est moi qui suis le chemin, la vérité et la vie. On ne vient au Père qu'en passant par moi*) a déclaré ceci : « *Ce passage mentionne un chemin et une destination. Jésus est le chemin, le Père est la destination* ». Puis il a fait la remarque suivante : « *Le problème avec une partie importante de l'Église aujourd'hui est que nous sommes restés coincés sur le chemin !* ». Nous sommes restés coincés sur le chemin ! Nous sommes venus à Jésus, mais nous n'avons pas continué jusqu'à l'intimité avec le Père. Une des raisons, c'est que beaucoup d'entre nous avons manqué de relations intimes avec nos pères terrestres et par conséquent, lorsque nous lisons des versets tels que celui-ci, nous ne les voyons tout simplement pas. Nous interprétons notre théologie comme si tout ne concernait que Jésus. Je crois, cependant, que Jésus aurait dit : « Ce n'est pas de moi qu'il s'agit, mais de mon Père ».

On pourrait dire que nous vivons un temps où la fondation de notre christianisme passe d'un tabouret à deux pieds à un tabouret à trois pieds. Nous avons eu une révélation de Jésus et une révélation du Saint-Esprit et nous avons basé notre christianisme sur ces deux réalités car ce qui est révélé *devient* réalité dans nos cœurs. Maintenant cependant, Dieu nous apporte une révélation de lui-même en tant que Père et, parce que Dieu est amour, c'est une expérience d'amour. C'est comme une invasion intime et personnelle de l'amour du Père dans nos cœurs. Pour certains cela se manifeste comme une vague puissante alors que pour d'autres cela vient au goutte à goutte. Peu importe comment elle vient du moment qu'elle arrive. En fait, la révélation nous parvient souvent comme l'aube croissante d'un jour nouveau.

En posant les fondements de ce que le Père doit être dans la vie chrétienne je voudrais citer Saint Augustin d'Hippone. « *Toute la Bible ne fait rien d'autre que nous parler de l'amour de Dieu. C'est le message qui explique et soutient tous les autres messages* ». Chacun des thèmes chrétiens auxquels vous pouvez penser est une expression de l'amour du Père. En effet, *tout* dans le christianisme parle de l'amour du Père. Le christianisme sans la compréhension et l'expérience de l'amour du Père est un christianisme sans fondation.

Notre conception de ce que devrait être un chrétien sera bancale si elle n'est pas fondée sur l'amour du Père. La croix elle-même est une expression de l'amour du Père. Ce n'est pas l'amour du Père qui est une expression de la croix. Car Dieu a tant aimé le monde qu'il a donné son Fils unique et sa mort sur la croix a été, en un sens, le meilleur message d'amour de Dieu. Cela montre à quoi l'amour de Dieu ressemble réellement. La raison d'être du christianisme est l'amour du Père. La croix ôte tout ce qui vient se mettre entre nous et cet amour afin que nous puissions nous approcher du trône de la grâce sans crainte et monter sur ses genoux afin de le connaître comme notre Père. Nous aurons un christianisme très déformé si nous ne comprenons pas que l'amour du Père est la révélation qui soutient et explique tous les autres messages.

Augustin ajoute même : « *Si la parole écrite de la Bible pouvait se résumer en un seul mot et devenir une seule voix – cette voix bien plus puissante que le grondement de la mer s'écrierait : 'Le Père t'aime'* ».

Voyez, nous n'avons pas conscience que nous ne savons pas ! Nous ne savons pas que nous ne connaissons pas le Père. Nous avons la connaissance de la doctrine et nous pouvons même enseigner aux autres comment connaître le Père sans en avoir eu la révélation pour nous-mêmes. Une révélation change tellement notre perspective que, sans même y penser, nous commençons automatiquement à nous adresser à Dieu en l'appelant « Père ! ». Nous pouvons connaître les versets qui *parlent* du Père et penser que connaître ces versets revient à connaître le Père lui-même ! Nous n'avons pas conscience que nous ne savons pas !

Un des problèmes majeurs du christianisme d'aujourd'hui est que nous croyons que si nous savons ce que dit la Bible alors automatiquement nous possédons ce dont elle parle. C'est complètement faux ! Alors que j'enseigne sur ce sujet je suis très souvent confronté à cette fausse idée. Cela peut poser problème tout particulièrement à ceux qui, comme moi, ont un penchant académique. Pendant de nombreuses années j'ai pensé que la connaissance des Écritures revenait à saisir les réalités de ce dont les Écritures parlent. Cela m'a conduit dans une croyance totalement fausse de ma position en Dieu, qui a finalement été brisée par un échec personnel. Quand cela s'est produit j'ai soudain réalisé que toute ma connaissance n'avait pu apporter un quelconque changement en moi ! J'ai crié à Dieu pour qu'il me donne quelque chose qui me transformerait.

Nous vivons aujourd'hui un temps où Dieu se révèle lui-même comme Père d'une façon inédite depuis l'époque des apôtres. Peu importe ce que vous avez déjà connu ou expérimenté dans le passé : il existe un niveau inégalé de l'amour du Père encore disponible ! Si nous ouvrons nos cœurs à cela, il est en mesure de transformer notre expérience du christianisme en quelque chose de bien plus grand. Le christianisme débute vraiment lorsque nous expérimentons ce pourquoi Jésus a donné sa vie sur la croix : révéler l'amour du Père !

Permettez-moi de partager comment je suis entré dans cette révélation. Lorsque Denise et moi sommes venus au Seigneur en 1972, nous avions un vécu bien loin du christianisme. Nous n'avions aucun contact quel qu'il soit avec le christianisme. Le bâtiment le plus proche de la maison dans laquelle j'ai grandi était une petite église au sommet d'une colline. J'avais l'habitude de voir des gens qui s'y rendaient. Certains étaient des amis d'école mais je ne comprenais pas comment ils pouvaient aller s'enfermer un beau dimanche matin dans une église. Je ne comprenais pas du tout. Je n'avais même jamais entendu l'expression « né de nouveau ».

J'avais presque vingt-deux ans quand j'ai donné ma vie au Seigneur. Cela a représenté un changement monumental dans ma vie car depuis mon enfance j'avais été une jeune personne extrêmement solitaire. Nous vivions dans une petite ville rurale et la plupart du temps je n'avais personne près de chez nous avec qui jouer. Les garçons de mon âge les plus proches se trouvaient à 5 km. De ce fait, après l'école et la plupart des week-ends, je me promenais seul dans les champs et les fermes autour de chez nous. Souvent, après l'école, j'allais traîner dans les collines alentours jusqu'à la tombée du soir puis je rentrais à la maison en traversant pâtures, chemins de terre et en escaladant portails et barrières. Je connaissais très bien tout cela, mais j'étais très seul.

Alors quand Jésus est entré dans ma vie, dans ma solitude extrême, cela a eu un impact considérable sur moi. Tout à coup cette Personne est entrée dans mon cœur pour m'aimer et je suis tombé amoureux de Jésus à cause de cela. Être sauvé, pour moi, c'était comme l'arrivée du cinéma en couleur. Le bleu du ciel n'avait jamais paru si éclatant ou le vert de l'herbe si frais.

NÉ DANS LE RÉVEIL

Après cette expérience de salut, Denise et moi avons commencé à fréquenter une église qui était en plein réveil. De nombreux américains utilisent le terme « réveil » de la même manière que nous pourrions utiliser le terme « croisade » pour une série de rencontres d'évangélisations. J'ai fini par comprendre que le réveil est la présence et la puissance de Dieu manifestées si fortement que les gens l'expérimentent de façon très tangible. Lorsque le réveil arrive, il a un impact majeur sur notre expérience du christianisme. Un vrai réveil, c'est quand la présence de Dieu se manifeste avec une puissance exceptionnelle. C'est une libération débordante de sa présence dans un lieu spécifique.

Des choses extraordinaires ont eu lieu dans cette église, lors de ce réveil. Il y avait une jeune femme qui voulait apprendre à jouer du piano pour accompagner la louange, mais elle n'avait jamais pris de cours de musique. Un jour elle s'est assise au piano, un des anciens a prié pour elle et elle a immédiatement été capable de jouer dans n'importe quelle tonalité. Elle ne savait pas jouer du piano en dehors de l'accompagnement de la louange. Quelques seize ans plus tard elle a commencé à prendre des leçons de musique pour découvrir ce qu'elle avait fait pendant toutes ces années.

A certains moments des gens voyaient de leurs yeux Jésus marcher dans l'église, remonter ou descendre les allées, imposer les mains aux gens ou juste les effleurer en passant près d'eux. Pendant le culte plusieurs pouvaient voir exactement la même chose au même moment. Un des anciens accueillait les visiteurs puis invitait le Saint-Esprit et il nous suffisait juste de suivre son œuvre. Pendant environ cinq ans nous n'avons pas eu besoin de pasteur ou de responsable pendant les réunions car la présence du Saint-Esprit se manifestait puissamment. Ce fut une période extraordinaire. Cela m'a donné faim d'expérimenter continuellement le réveil et depuis j'attends et j'espère que cela se reproduise peut-être encore aujourd'hui. Nous ne pouvons pas le provoquer, cela dépend entièrement de Dieu.

En y repensant je réalise autre chose. Lorsque le Saint-Esprit de Dieu s'est si puissamment manifesté, j'ai commis l'erreur de croire que s'il honorait notre église de sa présence c'était parce que les enseignements étaient parfaitement exacts. Bien des gens à travers l'histoire et dans le monde aujourd'hui font la même supposition erronée. Nous partons du principe que si notre interprétation et notre mise en pratique des Écritures est juste, alors Dieu viendra et honorera notre attitude en manifestant sa présence. Ce n'est pas vrai du tout ! En fait cette présomption est à l'origine de bien des dissensions parmi les chrétiens de nos jours. Cependant la réalité est que Dieu ne vient pas parce que l'enseignement est juste mais que c'est sa venue qui *corrige* l'enseignement. La Parole n'est réellement comprise qu'en sa présence. La Bible a été écrite pendant un réveil. Chacune des personnes qui l'ont écrite était en train de vivre un réveil personnel complet. Elle a été écrite dans le réveil et n'est comprise que dans le réveil.

Nous ressentions donc fortement la présence de Dieu dimanche après dimanche, année après année, et des gens venaient des quatre coins du monde. Il n'a pas fallu longtemps pour que les anciens de l'église décident d'organiser une conférence. Le seul lieu de la ville capable d'accueillir de vastes foules était l'hippodrome local, où se trouvait une immense tribune et où de nombreuses personnes sont venues écouter certains des meilleurs orateurs de l'époque. C'était une grande bénédiction pour nous d'être enseignés par certains de ces orateurs internationaux et de vivre l'onction qui était présente dans ces réunions. Mais comme je partais du principe que Dieu déversait sa bénédiction parce que l'enseignement était juste, j'ai accepté absolument tout ce qui était prêché et enseigné. Il ne m'est jamais venu à l'esprit de remettre en question ce que j'entendais là. Pour moi c'était l'absolue vérité.

Je me souviens d'un orateur en particulier qui a prêché un message qui m'a profondément marqué et que j'ai complètement accepté sans me poser de questions. Il a enseigné en se basant sur le passage où Jésus emmène Pierre, Jacques et Jean en haut de la montagne de la Transfiguration. Il a expliqué comment Jésus a été transfiguré, comment il est apparu changé et revêtu de la gloire du Seigneur et comment ils l'ont vu (du moins en partie) révélé tel qu'il avait été dans l'éternité. Au milieu de tout cela ils ont vu Moïse et Elie apparaître à ses côtés. Le Père a parlé depuis la nuée, disant « *Celui-ci est mon Fils bien-aimé : écoutez-le* » et les trois disciples sont tombés inconscients sur le sol. Après un certain temps, ils ont levé les yeux et « *n'ont vu que Jésus seul* ». Moïse et Elie étaient partis et Jésus était maintenant revenu à son état normal.

JÉSUS SEUL

Tout l'intérêt du message du prédicateur aurait pu être résumé par ces deux mots : « Jésus seul ». Il disait : « Nous devons regarder à Jésus et uniquement à Jésus. Il est celui qui fait naître la foi et la mène à la perfection, il est l'Alpha et l'Oméga, le Commencement et la Fin. Il est le seul nom sous les cieux par lequel nous pouvons être sauvés. Il est la tête de son corps, l'Église. Il est l'Époux. Il est tout et son nom est suprême ». Tout ce qui comptait c'était Jésus et uniquement Jésus !

Quand il a prêché cela, tout en moi s'est exclamé « Amen ! » car Jésus m'avait sauvé et que j'avais eu une expérience tellement puissante du salut. Jésus était devenu tout pour moi. Chaque fois que je priais je m'adressais à « Jésus, mon Seigneur ». Tout était en rapport avec Jésus. La louange était pour Jésus, les chants que nous chantions ne parlaient que de Jésus.

Parfois quelques chants contenaient une strophe sur le Saint-Esprit ou le Père, mais tout était centré sur la personne de Jésus et je pensais que c'était le point central du christianisme.

AS-TU REÇU L'AMOUR DU PÈRE ?

Quelques années plus tard, nous avons fait une école biblique. Un homme qui s'appelait Jack Winter est venu en Nouvelle-Zélande et a enseigné lors d'une conférence à l'école. Jack a commencé à nous parler du Père et pendant ce temps, il a commencé à recevoir une révélation plus grande du Père. Nous n'avions jamais rencontré personne qui portait l'onction de Dieu sur lui comme Jack. Nous avions été en présence de beaucoup de ministères formidables mais, en ce qui me concerne, lorsque Jack Winter parlait c'était comme si j'écoutais Jésus lui-même. Cela allait bien plus loin que tout ce que j'avais pu entendre auparavant.

Jack avait l'habitude de dire une chose merveilleuse : « Beaucoup de personnes prêchent l'Évangile, *mais nous leur donnons une opportunité de le vivre* ». Ce n'était pas rien ! Pour rejoindre le ministère de Jack, vous vendiez tout ce que vous possédiez pour le donner aux pauvres ou le déposer aux pieds des apôtres et rejoindre le groupe de chrétiens qui s'appelait Daystar Ministries à l'époque. C'était le ministère de foi le plus pur que j'aie jamais vu. Il y a eu des moments où les deux cents personnes de la base n'avaient rien à manger pour le repas suivant, alors nous nous mettions juste à prier. C'est une chose de prier ou d'intercéder pour quelque chose, mais lorsque vous avez besoin de nourriture sur la table dans les deux heures, cela amène vos prières à un tout autre niveau.

La révélation du Père que Jack avait commencé à recevoir lors de la conférence en Nouvelle-Zélande était maintenant en pleine essor et il avait compris que si les gens pouvaient expérimenter l'amour du

Père, ils recevraient une guérison émotionnelle. C'était une période extraordinaire ! Environ quatre cents familles s'étaient inscrites pour rejoindre son ministère cette année-là. Il existait douze bases différentes aux États-Unis, ils avaient six cents équipiers à plein temps et pourtant Jack n'avait pour bureau qu'une petite table à côté de son lit. Il était resté dans la simplicité.

Quand nous sommes arrivés là-bas, tout le monde était très enthousiaste au sujet de cette révélation de l'amour du Père et on commençait à me demander : « As-tu reçu l'amour du Père ? ». Qu'est-ce que je me suis senti offensé ! J'avais vingt-huit ans et je pensais que nous allions passer le reste de notre vie dans le ministère de Jack. Je venais de sortir de la brousse de Nouvelle-Zélande, que la plupart des gens décriraient comme la jungle. A plus de mille mètres d'altitude la brousse se transforme en pays herbeux ressemblant à un océan d'herbes dorées. Ces collines sont des lieux magnifiques pour y passer sa vie et moi je suis issu de cette vie-là. Je vivais le plus possible à l'extérieur ce qui a fait de moi un homme fort et en bonne santé. J'avais l'habitude de vivre dans ces collines, de dormir à la belle étoile, de couper du bois pour le feu qui servait à cuire mes repas, et j'étais endurci à ce mode de vie. Et maintenant on me demandait : « As-tu reçu l'amour du Père ? ».

A l'intérieur de moi, irrité, je me disais « Regardez, je suis rempli du Saint-Esprit. J'ai déjà implanté une église. J'ai été à l'école biblique. Je peux prophétiser, chasser les démons, guérir les malades et prêcher l'Évangile dans les rues. Je suis un destructeur de démons. Je suis un homme de Dieu ! Dieu m'a appelé à être un prophète, à être un instrument tranchant qui sépare l'âme et l'esprit ! Mes paroles amèneront les gens à se mettre à genoux ! Ma prédication séparera les pécheurs des justes et aura un écho dans la vie de nombreuses personnes ! J'ai un appel de prophète. Je ne m'intéresse pas à ce « truc d'amour ». Que voulez-vous dire par 'Est-ce que je suis rempli de l'amour du Père ?' »

PREMIER ÉCLAIRCISSEMENT

Après quelques mois passés au milieu d'eux, une pensée m'est venue. Je me suis souvenu que quand j'avais quatre ans, ma mère (qui avait dû être touchée par le Seigneur à l'époque) avait pris l'habitude de nous emmener mon frère, ma sœur et moi, dans sa chambre le soir. Nous nous agenouillions devant une petite commode sur laquelle elle avait mis une croix et une bougie. Elle allumait la bougie puis nous apprenait le Notre Père. Elle fit cela pendant une brève période. Des années plus tard, ils ne s'en souvenaient pas, mais moi je m'en rappelais très bien car à partir de ce moment-là j'ai prié le Notre Père chaque soir quand j'allais me coucher. Je fermais les yeux et intérieurement je priais le Notre Père. A la fin je priais toujours « Seigneur, bénis maman, papa, mon frère Bob, et ma sœur Sylvia ; et Seigneur, quand je serai plus grand, fais que je sois en bonne santé, que j'aie une famille heureuse et un bon travail ». J'ai prié cela tous les soirs. Certains soirs j'oubliais, alors le soir suivant je le priais deux fois ! Je n'ai jamais manqué une seule nuit !

Pendant ces premiers mois passés à Daystar le Seigneur m'a rappelé que lorsque Jésus a appris à ses disciples comment prier il leur a enseigné à dire : « Notre Père ». J'ai réalisé que j'avais prié ainsi de l'âge de quatre ans jusqu'à mes quatorze-quinze ans ! Jésus a appris à ses disciples à parler à son *Père*. Je comprenais désormais que Jésus, même au tout début, guidait les disciples vers une relation directe avec le Père et pas juste avec *lui*. Cela a été la première brèche, pour ainsi dire, dans ce message du « Jésus uniquement » que j'avais entendu. Je commençais à réaliser que le christianisme n'était pas uniquement centré sur Jésus.

Voyez-vous, quand on me demandait : « As-tu reçu l'amour du

Père ? », ma question était : « Pourquoi est-ce que vous me parlez du Père ? C'est de Jésus qu'il s'agit ! Il est le seul nom sous le ciel par qui nous puissions être sauvé ! Il est le Seigneur de toute chose. Il est le Roi des rois. C'est Jésus qui compte ! C'est lui qui nous a sauvés ! C'est lui qui est mort sur la croix ! ». Je n'avais pas réalisé que le Père aussi était mort sur la croix de façon très réelle. Je ne cessais de répéter : « C'est de Jésus qu'il s'agit ! ».

J'avais l'impression que si j'avais une relation avec le Père je deviendrais déloyal envers Jésus. Je me disais : « Après tout ce que Jésus a fait pour moi, comment pourrais-je lui tourner le dos et avoir une relation avec le Père ? ». C'était vraiment difficile pour moi. Bien sûr, il ne s'agissait pas de cela du tout, mais c'est ainsi que je le percevais. Ce souvenir d'avoir prié : « Notre Père » a été la première brèche dans mes défenses. Jésus a enseigné à ses disciples à parler à leur Père. Il a dit :

« *Mais toi, quand tu pries, entre dans ta chambre, ferme ta porte et prie ton Père qui est là dans le lieu secret ; et ton Père, qui voit dans le secret, te le rendra* » (Matthieu 6:6).

Tout à coup, j'ai pensé : « Oh ! Mais ça parle du Père ! ». Il est légitime d'avoir une relation directe avec le Père. Je commençais à avancer.

ADORER LE PÈRE

Quelques mois plus tard une autre brèche est apparue. Je me suis souvenu du temps où, alors que j'étais à l'école biblique, un orateur était arrivé d'Amérique avec toute sa famille. Cet homme était resté onze ans dans l'école et il avait enseigné sur l'évangile de Jean. Parfois, alors que nous sortions après son enseignement, nous avions plutôt l'impression de flotter que de marcher ! L'adoration et la révérence avec lesquelles il enseignait étaient une bénédiction incroyable !

Il nous a fait parcourir le livre de Jean, un verset après l'autre, pendant toute une année ! À la fin de l'année il s'est excusé de n'avoir atteint que le chapitre 16 ! Cela avait été une année incroyable d'étude approfondie du livre de Jean.

Cependant, lorsque nous avons atteint le chapitre 4, il a dit : « nous allons aborder ce chapitre différemment. Au lieu que ce soit moi qui enseigne, je vais vous donner un verset à chacun que vous allez étudier et vous reviendrez partager à la classe ce que vous aurez appris ». Quand il a dit cela j'ai tout de suite espéré qu'il me donne un verset en particulier. Je pensais que si on me donnait ce verset je n'aurais aucun travail à faire parce que j'avais déjà reçu des révélations sur celui-ci. J'étais très occupé donc si j'obtenais ce verset en particulier je pourrais éviter de faire mes devoirs et je pourrais prendre un peu de temps libre pour moi.

Il a donc attribué un verset à chacun des élèves et m'a donné le verset que j'espérais. Il s'agissait de Jean 4:23. Lorsque j'avais étudié ce verset voici ce que je pensais qu'il signifiait : « Mais l'heure vient, et elle est déjà là, où les vrais adorateurs adoreront Dieu en esprit et en vérité. En effet, ce sont là les adorateurs que Dieu recherche ». Ce n'est pas tout à fait ce qu'il dit, mais c'est ce que je *pensais* qu'il disait. J'étais tellement heureux d'avoir reçu le verset que je voulais. Je n'avais pas besoin de l'étudier. Enfin mon tour vint de partager ma révélation devant la classe. Je pensais, avec confiance, avoir bien réussi à partager le sens du verset et j'en reçus confirmation lorsqu'un étudiant vint vers moi plus tard me complimenter.

Ma révélation portait sur « adorer en esprit et en vérité » parce que je savais ce qu'était l'adoration. L'adoration, c'est quand notre esprit essaie de sortir par notre bouche et qu'il est une expression totale d'amour et d'adoration. Pas besoin de réfléchir, c'est juste une connexion d'esprit. J'ai découvert que l'on ne peut pas apprendre à adorer. L'adoration est une réponse naturelle à sa présence. *Ça*, c'est l'adoration en esprit et en vérité. Et c'est la révélation que j'avais partagée par rapport à ce verset.

Puis, huit ans plus tard, j'ai découvert ce que ce verset signifiait *réellement*. Dans ce verset, Jésus a réellement dit :

« *Mais l'heure vient, et elle est déjà là,* où les vrais adorateurs adoreront <u>le Père</u> *en esprit et en vérité. En effet, ce sont là les adorateurs que recherche <u>le Père</u>* ».

Jusqu'à ce moment-là ma louange était centrée sur la personne de Jésus et uniquement Jésus. Tous les chants que l'on avait l'habitude de chanter à l'époque et même encore aujourd'hui, étaient centrés sur « Jésus seulement ». Nous portions des bracelets sur lesquels était écrit WWJD (« What Would Jesus Do »)[1]. Nous chantions « It's all about you Jesus »[2]. D'une certaine manière, je ne pense pas que Jésus approuverait ces affirmations. Je pense que Jésus dirait : « *En fait*, tout parle de mon Père ».

Bien sûr il n'est pas mauvais d'adorer Jésus. Certains des plus grands versets sur l'adoration dans les Écritures parlent de la personne de Jésus, en particulier dans l'Apocalypse où tous les vieillards déposent leurs couronnes à ses pieds et élèvent l'Agneau de Dieu dans la louange. Mais ce que j'aimerais expliquer ici, c'est ce que Jésus *lui-même* a dit « les vrais adorateurs adoreront *le Père* en esprit et en vérité ». À l'époque où j'ai lu cela je ne pouvais pas imaginer dire : « Père je t'adore » ou « Je t'aime Père ». J'étais choqué par ces mots qui étaient bien éloignés de ma perspective, mais je voyais bien que c'était Jésus lui-même qui les avait prononcés. Je commençais à réaliser que le Père avait vraiment sa place dans nos vies ! Ma position de « Jésus et

---

1 NDT : « Que ferait Jésus ? »
2 NDT : « Tout est à propos de toi, Jésus »

Jésus seul » commençait à changer.

Alors que cette révélation commence à venir dans l'Église de nos jours et que nous commençons à découvrir le Père, il y a des gens qui luttent avec le même problème et qui souvent nous critiquent : « Vous autres, vous semblez aller uniquement au Père et vous contournez Jésus ». Je vais vous parler très clairement : en aucun cas nous ne contournons Jésus. Jésus est le seul *chemin* vers le Père et ce n'est qu'à travers lui que nous entretenons une relation avec le Père.

Nous sommes en Christ

Certains disent que l'hérésie est souvent chantée avant d'être prêchée. J'aimerais tellement que ceux qui écrivent des chants chrétiens consultent des personnes ayant des connaissances bibliques. Souvent nos chants ne correspondent pas à ce qui est enseigné par la Bible et nous chantons ces chants bien plus que nous ne lisons les Écritures. Par exemple il y a un vieux cantique qui parlent de « ... marcher avec Jésus, la lumière du monde ». De nombreux chants parlent de marcher avec Jésus, ce qui n'est pas vraiment biblique.

Nous ne marchons pas *avec* Jésus. Nous sommes *en* Christ et il est *en* nous. Notre vie a été engloutie dans sa vie. Nous sommes baptisés en lui et désormais, « ...*ce n'est plus moi qui vis, c'est Christ qui vit en moi ; et ce que je vis maintenant dans mon corps, je le vis dans la foi au Fils de Dieu qui m'a aimé et qui s'est donné lui-même pour moi.* » (Galates 2:20). Il est devenu ma vie. Il vit *en* moi et je suis *en* lui. J'ai été baptisé *en* lui. Ce n'est pas tellement que je marche avec lui, côte à côte, mais plutôt que Jésus est *en* moi et moi en lui. La réalité, c'est que nous marchons avec le Père en Christ. En réalité, ce n'est pas vraiment *ma* relation avec le Père. Je suis entré dans la relation de *Jésus* avec *son* Père.

JÉSUS EST LE CHEMIN VERS LE PÈRE

Au cours de ce processus j'ai commencé à voir qu'il est tout à fait biblique d'avoir une relation personnelle avec le Père à cause de qui Jésus est, et de qui je suis *en* lui.

Puis j'ai parcouru Jean 14 et cela mérite qu'on y réfléchisse car il contient quelque chose qui est souvent mal compris. J'aime les versets qui évoquent les derniers jours précédant la crucifixion de Jésus. Jack Winter a observé que les dernières paroles d'une personne avant sa mort sont particulièrement dignes d'attention.

Jésus a commencé en disant :

« Que votre cœur ne se trouble pas ! Croyez en Dieu, croyez aussi en moi. Il y a beaucoup de demeures dans la maison de mon Père. Si ce n'était pas le cas, je vous l'aurais dit. Je vais vous préparer une place. Et puisque je vais vous préparer une place, je reviendrai et je vous prendrai avec moi afin que, là où je suis, vous y soyez aussi. » (v. 1-3).

Jésus annonçait qu'il partait et pourtant les disciples continuaient d'espérer un royaume au sens littéral. C'était un choc pour eux parce que Jésus leur disait : « Je pars. Je vous laisse ici ». Je les imagine très bien se regarder et se dire : « Toi tu savais ça ? Moi je suis venu et je l'ai suivi parce que je pensais qu'il allait mettre les Romains à la porte ! Nous lui avons donné notre vie, abandonné nos filets de pêche. Nous allions bâtir un royaume comme les Maccabées et devenir les soldats d'une nouvelle armée pour briser l'oppression et libérer Israël. De quoi est-ce qu'il nous parle *maintenant ?* »

Mais Jésus leur disait en gros : « Non, je pars vous préparer une place mais vous ne pouvez pas m'accompagner pour le moment ». Puis il a continué :

« Vous savez où je vais et vous en savez le chemin. » (Jean 14:4)

Je me souviens de moments à l'école avec trente autres camarades. Parfois le professeur expliquait quelque chose que personne ne comprenait, cependant personne ne disait rien de peur de poser une question qui le ferait paraître stupide. J'imagine que les disciples ont réagi de la même manière quand Jésus leur a dit : « Vous savez où je vais et vous en savez le chemin ». J'imagine bien ces gars se dévisager l'un l'autre en pensant : « Tu le savais ? Il te l'avait dit ? Pas à moi ! Est-ce que j'étais absent ce jour-là ? Mais de quoi est-ce que Jésus parle ? »

Je suis persuadé qu'ils avaient tous honte de reconnaître qu'en réalité ils ne savaient pas. Thomas a ensuite fait une remarque magnifiquement pure et innocente : « Seigneur, nous ne savons pas où tu vas ; comment pourrions-nous en connaître le chemin ? » Je suis tellement content que Thomas ait dit cela parce que s'il ne l'avait pas fait nous n'aurions pas le verset suivant qui est un des versets les plus importants du Nouveau Testament :

« Jésus lui dit : C'est moi qui suis le chemin, la vérité et la vie. On ne vient au Père qu'en passant par moi ». (Jean 14:6)

Il leur indiquait le chemin et la destination ! Quand il leur a dit : *« je vais vous préparer une place afin que là où je suis, vous y soyez aussi »*, ce qu'il leur disait en réalité c'est qu'il allait leur préparer une place dans le cœur du Père. Notez qu'il n'a pas dit : « ... Vous *serez* là où je serai ». En fait, il leur a dit : « Vous serez là où je *suis* ». Jésus a toujours vécu éternellement dans le sein du Père et lorsqu'il était sur terre il y vivait *toujours*. Jean 1:18 dit :

« Personne n'a jamais vu Dieu ; Dieu le Fils unique, qui est dans l'intimité du Père, est celui qui l'a fait connaître. »

Il va venir un temps où le monde n'écoutera que ceux qui demeurent dans le sein du Père, dans son amour. Parce que ce n'est que de cet endroit que l'on peut réellement déclarer Dieu et révéler au monde qui il est vraiment. Cette révélation des fils selon le cœur du Père va dépasser toutes les autres perspectives du christianisme. *C'est capital*, car ce n'est qu'à partir de cette révélation que l'Église deviendra la représentation complète du Fils de Dieu.

LE PÈRE EST LA DESTINATION

Jésus a dit : « *C'est moi qui suis le chemin, la vérité et la vie. On ne vient au Père qu'en passant par moi* ». Jésus est le chemin vers la destination. La *destination*, c'est le Père. Et il a ajouté ceci :

« *Si vous me connaissiez, vous connaîtriez aussi mon Père. Et dès maintenant, vous le connaissez et vous l'avez vu* ».

Bien des personnes ont pris ces versets et cru qu'en voyant Jésus et en ayant une vraie relation concrète avec lui, alors automatiquement elles ont une relation avec le Père. Elles pensent qu'il n'est pas possible d'avoir une expérience distincte avec le Père, qu'il n'existe que le contact avec Jésus. Je pourrais presque croire de même s'il n'y avait pas le verset 8 et la question de Philippe :

« *Philippe lui dit : 'Seigneur, montre-nous le Père, et cela nous suffit'* ».

Ce que Philippe disait en fait, c'était : « Jésus, cela fait trois ans que je t'observe. Toi je peux te voir, mais je ne vois pas le Père. Nous voyons que tu as une relation avec lui, mais nous ne voyons que toi. Montre-nous le *Père !* »

Jésus a répondu :

« Il y a si longtemps que je suis avec vous et tu ne me connais pas, Philippe ! Celui qui m'a vu a vu le Père. Comment peux-tu dire : 'Montre-nous le Père' ? Ne crois-tu pas que je suis dans le Père et que le Père est en moi ? Les paroles que je vous dis, je ne les dis pas de moi-même ; c'est le Père qui vit en moi qui fait lui-même ces œuvres. Croyez-moi : je suis dans le Père et le Père est en moi. Sinon, croyez[-moi] au moins à cause de ces œuvres ! »

Il disait à Philippe que les miracles étaient en fait des signes de la présence du Père. Au verset 7 il dit : « Si vous me connaissiez, vous connaîtriez aussi mon Père ». En d'autres termes « Vous pouvez me connaître, ou vous pouvez me connaître *réellement*, et si vous me connaissiez *réellement* vous verriez aussi le Père ».

La vérité, cher lecteur, est que vous pouvez avoir une relation avec Jésus et pourtant ne pas « voir » le Père du tout.

LE PÈRE DOIT ÊTRE RÉVÉLÉ PAR JÉSUS

J'aimerais vous l'expliquer autrement. Jésus a fait une autre remarque dans Matthieu 11:27. Il a dit :

« Mon Père m'a tout donné, et personne ne connaît le Fils, si ce n'est le Père ; personne non plus ne connaît le Père, si ce n'est le Fils et celui à qui le Fils veut le révéler. »

Cette phrase m'a profondément touché lorsque j'étais jeune parce que j'avais toujours pensé que la solitude revenait à ne connaître personne. J'ai découvert cependant que la vraie définition de la solitude c'est quand personne ne *vous* connaît. Quand vous avez l'impression que personne ne sait qui vous êtes vraiment alors vous vous trouvez très seul. La solitude est brisée lorsque vous laissez quelqu'un découvrir ce à quoi ressemble vraiment votre vie au quotidien.

Lorsque Jésus a dit dans ce verset : « Personne ne connaît le Fils, si ce n'est le Père », ce qu'il voulait dire en réalité c'est que Dieu était le seul qui le connaissait réellement. Jésus a porté cette solitude pendant toute sa vie sur terre. Pas même sa mère ne le comprenait. Elle « gardait ces choses dans son cœur » mais elle ne le comprenait pas réellement. Il a dit : « Seul le Père me connaît *réellement* ». Puis il a renversé la déclaration : « Personne non plus ne connaît vraiment le Père, si ce n'est le Fils ».

C'est une des raisons pour laquelle les responsables juifs se sont fâchés contre lui et l'ont crucifié. Parce que ce Jésus de Nazareth prétendait connaître Yahvé mieux qu'eux, l'élite religieuse ! Ces leaders avaient passé leur vie entière dans le temple, dès leur plus jeune âge, et avaient appris tout ce qu'il était possible de savoir sur Dieu. Ils n'avaient jamais quitté cet environnement, mémorisant de grands passages des écritures, réglant leur comportement afin de ne jamais rien faire de mal dans le but de pouvoir connaître Dieu et de recevoir son approbation.

Et voilà que ce fils de charpentier, qui était très probablement un fils illégitime, venait vers eux et disait : « Malgré tout ce que vous avez appris, vous ne connaissez pas vraiment Yahvé. *Moi oui, et je suis le seul* ». Vraisemblablement ils ont dû penser qu'il était fou, arrogant ou l'hérétique ultime ! Jésus condamnait tout le système religieux des juifs en affirmant être le seul à bien comprendre et le seul qui connaissait Dieu réellement.

Et il avait raison. Ils savaient peut-être des choses *au sujet* de Dieu, mais ils ne *connaissaient* pas Dieu. Voyez-vous, comme il n'est pas né en tant que fils d'Adam, le péché ne le séparait pas de Dieu. Esaïe 59:2 nous dit que le péché nous sépare de Dieu, mais Jésus est né *sans péché* ! Il n'était pas un fils d'Adam. Il avait été directement conçu par Dieu dans le sein de Marie.

Le contact avec Dieu était automatiquement disponible tout le long de sa vie. Chaque fois qu'il priait, son Père lui était révélé – *d'esprit à esprit*. Il devait quand même le vivre par la foi, tout comme nous, mais il avait une connexion intime avec le Père. Il était naturellement conçu par l'Esprit de sorte qu'il était rempli du Saint-Esprit dès sa conception.

Alors, quand Jésus a déclaré : « Personne ne connaît le Père si ce n'est moi », il disait en fait : « La race juive et tous ceux qui ont tout appris à son sujet ne le connaissent pas, mais moi oui ». Il a attesté de la véracité de ses paroles par les œuvres qu'il a accomplies et les paroles qu'il a données. Ses œuvres étaient un signe de la présence du Père et pas uniquement un exercice de sa puissance et de son autorité. Ses miracles montraient la réalité de l'amour que le Père a pour nous.

Alors que les chefs religieux étaient ébranlés par sa prétention audacieuse d'être le seul à connaître Dieu réellement, il a élargi sa déclaration en disant « Personne ne connaît le Père à part le Fils *et celui à qui le Fils choisit de le révéler* ». Ce que Jésus voulait dire était « Je connais le Père par la connexion personnelle qui me relie à lui, et personne ne le connaît comme moi, *mais* je peux vous le révéler. Je peux révéler le Père à ceux à qui je choisis de le révéler ». Le Père doit nous être révélé par Jésus !

C'EST UNE RÉVÉLATION

Il y a une *révélation* du Père. On ne peut pas juste connaître le Père parce qu'on en a envie. On ne peut connaître le Père parce qu'on s'est approprié quelque chose dans les Écritures ou ce que l'on croit qu'elles disent. Le Père doit vous être révélé par révélation, comme Jésus vous a été révélé par révélation lorsque vous êtes né de nouveau.

Vous n'êtes pas né de nouveau par vous-mêmes. Il n'y a rien que vous ayez fait qui vous a permis d'être sauvé. Vous avez répondu à l'initiative de Dieu.

Ce ne sont pas la repentance et la foi, en soi, qui vous font naître de nouveau. Mais quand Dieu voit que vous agissez avec un cœur entier, il produit une transaction spirituelle dans votre esprit qui vous fait renaître de l'intérieur. Ce n'est pas juste parce que vous croyez ce que dit la Bible et que vous essayez d'obéir à la Bible. Vous devenez une nouvelle création de manière surnaturelle. Quelque chose de tout neuf est né en vous et vous n'êtes plus le même. C'est l'œuvre de Dieu dans votre cœur. Le salut est en fait la révélation de Jésus et cette révélation est donnée par Dieu en personne. Il nous montre Jésus.

De même, le baptême dans l'Esprit a lieu lorsque le Saint-Esprit est révélé à votre esprit. La réalité du Saint-Esprit, la substance de son être, est manifestée au plus profond de vous, dans votre esprit, et soudain, vous savez que le Saint-Esprit est réel. Nous l'appelons « le baptême de l'Esprit » ou « l'effusion de l'Esprit », mais en réalité c'est votre esprit qui reçoit une révélation de la présence du Saint-Esprit en vous. Lorsque cela se produit vous recevez des révélations et la connaissance de certaines vérités vous vient automatiquement.

Lorsque vous rencontrez Jésus, dans le salut certaines vérités vous sont transmises de manière surnaturelle et vous n'avez aucun doute quant à leur véracité. Vous *savez* alors que Jésus est né de la Vierge Marie. Comment le savez-vous ? Par *révélation* du Seigneur, parce que c'est ce que Jésus est. Vous saurez qu'il n'est pas juste *un* fils de Dieu. Il est *le* Fils de Dieu et vous savez sans l'ombre d'un doute qu'il n'y a pas d'autre fils en dehors de Jésus. Votre esprit, au plus profond de vous, l'a rencontré et vous connaissez cette réalité indéniable. De nombreux martyrs ont connu une fin atroce parce qu'ils ne pouvaient pas nier la révélation et la réalité de Jésus.

Le baptême du Saint-Esprit apporte également la connaissance et la *révélation* qu'il nous donne une puissance miraculeuse. Samson a détruit les colonnes du temple. Elie a dépassé chevaux et chars pour rentrer dans la ville. Quand l'Esprit de Dieu vient sur une personne, la puissance descend aussi sur elle parce que l'Esprit de Dieu manifeste la puissance de Dieu. La Trinité était personnellement impliquée dans la création de l'univers. Le Père l'a initiée, il a prononcé la Parole qui est Jésus, et la puissance du Saint-Esprit est venue créer. C'était la Trinité, œuvrant main dans la main.

Si vous n'êtes pas rempli du Saint-Esprit, vous chercherez des explications aux miracles qui vont en diminuer la réalité ; mais quand vous êtes rempli du Saint-Esprit c'est différent. Vous savez vraiment parce que vous avez touché la réalité de celui qui détient la puissance de Dieu.

LA RÉVÉLATION DU PÈRE

Connaître le Père n'est pas juste adhérer à une théologie du livre, mais le Père en personne devient réel dans votre esprit et son amour commence à être révélé en vous. Lorsque Jésus a dit : « Personne ne connaît le Père, si ce n'est le Fils et celui à qui le Fils veut le révéler », il parle d'une *révélation* de Dieu notre Père à notre cœur.

Ce faisant, nous entrons dans le royaume du cœur parce que la *révélation* vient dans notre cœur. J'aime cela parce que ce n'est pas juste réservé aux intellectuels et à ceux qui ont assez de volonté pour faire ce qu'ils doivent faire. En fait, ces choses sont plutôt des obstacles.

Je crois que Dieu est en train de déverser une révélation de son identité en tant que Père d'une façon inédite depuis le temps des apôtres. Le but du christianisme est de connaître le Père et de le connaître par révélation. Jésus est le chemin vers le Père. La révélation du Père en est la destination.

connaître par révélation. Jésus est le chemin vers le Père. La révélation du Père en est la destination.

CHAPITRE 2

Pourquoi le cœur est important

~

Je voudrais vous encourager à permettre au Saint-Esprit de nourrir votre esprit alors que vous lisez ce livre. Mon souhait est qu'au travers de ce livre, Dieu vienne faire une œuvre dans votre cœur. C'est là mon but en l'écrivant. Dieu ne vient pas pour ré-endoctriner votre pensée. Ce qu'il fait, en réalité, c'est qu'il vient et qu'il *change notre cœur* parce que quand notre cœur est transformé, alors on devient une personne différente. Sans avoir besoin de faire quoi que ce soit, vous commencerez à agir différemment et vous serez une personne différente. Quand le cœur est transformé, vous agissez *automatiquement* différemment.

Je suis sûr que vous avez remarqué que la Bible n'est pas écrite comme un manuel scolaire. Elle ne contient pas une table des matières écrites en majuscules énumérant les différents sujets dans l'ordre. Elle a été écrite par Dieu d'une manière particulière afin que les vérités soient découvertes par ceux qui ont des yeux pour voir et des oreilles pour entendre. Un jour, j'ai entendu quelqu'un dire que

Dieu aimait être trouvé ! Comme un papa qui joue à cache-cache avec ses enfants, il a prévu que seuls ceux qui viendraient passer du temps avec lui, avides de le trouver, le découvriraient.

Si nous lisons la Bible en cherchant Dieu de tout notre cœur, alors il va nous montrer des choses impressionnantes dont nous ignorions l'existence. C'est quand nous crions à lui qu'il répond ! Ses vérités sont cachées pour le simple observateur. C'est la raison pour laquelle il n'a pas donné sa parole comme un manuel que tout un chacun pourrait découvrir. Ses vérités sont cachées dans des mots qui ressemblent à tous les autres.

J'ai découvert une maxi-vérité cachée dans Proverbes 4:23. Il est dit : « *Garde ton cœur plus que toute autre chose, car de lui jaillissent les sources de la vie.* », Une autre traduction dit : « *Garde ton cœur plus que toute autre chose car c'est la source de la vie* ». Ce verset est devenu un point central de notre ministère et je crois que c'est un des messages les plus importants des Écritures. La Bible regorge de ces maxi-vérités telles que « Dieu est amour » ou « Dieu est Esprit ». Ce sont des thèmes majeurs, des maxi-vérités ! Je crois réellement que ce verset dans Proverbes 4 est une des maxi-vérités du christianisme qui est, malheureusement, souvent négligé par la plupart des chrétiens de nos jours.

Voyez-vous, le cœur est la partie de vous la plus importante et tout ce que vous connaissez, ce dont vous faites l'expérience dans la vie passe par votre cœur. La façon dont vous interprétez la vie, dont vous interprétez les événements et la manière dont ils vous affectent est déterminée par la condition de votre cœur. La vérité est que votre pensée vous appartient, vos émotions vous appartiennent, votre volonté vous appartient, mais votre cœur c'est *vous !*

Je l'illustre ainsi : une personne peut dire quelque chose à deux personnes en même temps et pourtant, l'une va l'interpréter d'une manière et la seconde d'une autre. Ces mots identiques prononcés au même moment peuvent avoir un sens très différent pour chacun des interlocuteurs. Pourquoi ? Parce que leurs cœurs n'ont pas été conditionnés de la même manière et que ces paroles peuvent avoir un sens différent pour des personnes qui sont différentes l'une de l'autre. Deux personnes peuvent être regardées par le même individu et interpréter ce regard de façon très différente.

En fait, on pourrait dire que l'on vit tous dans des mondes différents parce que chacun de nos cœurs a été conditionné pour ressentir la vie différemment. Par exemple, quand un garçon élevé par un père violent entend le mot « père », son cœur va se fermer automatiquement ; il n'écoutera plus ce que vous dites. Mais lorsqu'un garçon qui a eu un père formidable entend le mot « père », cela lui évoque instantanément des souvenirs de bien-être et de sécurité. Ce sont deux mondes complètements différents !

Chacun de nous vit dans un monde différent juste parce que nos cœurs ont été façonnés et affectés par tout ce que nous avons traversés : notre environnement familial, la partie du monde où nous avons grandi, notre culture, notre scolarité, notre statut intellectuel, notre capacité physique, et nos différentes relations. Toutes ces choses affectent la façon dont nous percevons la vie. Parfois, vous ne pouvez peut-être même pas exprimer clairement ce que vous pensez, mais vous voyez la vie à travers le conditionnement de votre cœur.

COMMENT NOS CŒURS SONT CHANGÉS

Quand nous devenons chrétiens, nous voulons changer et ressembler davantage à Jésus. Dieu cependant, ne va pas faire cela en éduquant notre pensée ou en nous motivant à prendre de meilleures décisions par notre volonté humaine. Pourtant c'est souvent bien ainsi qu'on nous présente la maturité chrétienne : « Si tu veux changer, tu dois le faire comme ça. Tu dois grandir, tu dois mûrir. ».

« Être disciple », tel que c'est enseigné de nos jours, implique la plupart du temps ceci : « *Tu dois faire ceci, tu dois faire cela* », ou « *Tu dois arrêter de faire ceci, tu dois arrêter de faire cela* » ou bien encore « *Tu dois prendre cette habitude et adopter cette attitude si tu veux changer* ».

La vérité est que même si on peut se retenir d'agir de telle ou telle manière, cela ne change pas notre vraie nature car c'est notre cœur qui fait de nous ce que nous sommes réellement. C'est la façon dont votre cœur a été affecté par ce que vous avez vécu qui va déterminer qui vous êtes aujourd'hui.

C'est pourquoi Proverbe 4:23 dit :

« *Garde ton cœur plus que toute autre chose, car de lui jaillissent les sources de la vie.* »

Ce que vous êtes découle de l'état de votre cœur. Vous pouvez peut-être changer votre comportement par votre seule volonté et votre détermination, mais je peux vous dire ce qui va arriver. Vous ferez peut-être les bons choix et ferez tout de la manière dont vous êtes censé le faire. Vous pouvez même apprendre à sourire et à vous comporter comme un bon chrétien. Mais un jour quelque chose va se produire dans votre monde et vous allez redevenir la personne que vous êtes *réellement*, utilisant un langage que vous savez ne pas devoir utiliser. Ou vous allez revenir à une manière de penser ou de traiter les gens que vous savez être mauvaise.

Dans un moment de stress intense cela sortira de votre bouche. Vous allez même peut-être dire : « Je suis tellement désolé, ce n'était pas vraiment moi ! ». Je vais vous dire la vérité : *c'est vraiment vous* ! Parce que quand la pression arrive, ce qui est réellement dans votre cœur va ressortir dans vos paroles et dans votre manière de dire les choses. Quand tout va bien vous pouvez parler selon votre pensée et dire ce qu'il faut dire ; mais quand la pression est là vous allez parler et agir selon l'état réel de votre cœur. Changer vos actions ne va pas changer qui vous êtes réellement. Il n'y a de transformation authentique et durable que quand le cœur est transformé.

Fort heureusement la spécialité de Dieu est de changer nos cœurs. Il y a une phrase que j'aime beaucoup, qui est une vérité merveilleuse. *Quand Dieu change notre cœur, cette partie de notre cœur va automatiquement se mettre à faire tout ce que Dieu nous demande. Sans même y penser on deviendra automatiquement ce qu'un chrétien doit être parce que cela viendra de notre cœur.*

A « Fatherheart Ministries » en Norvège il y a un couple formidable : Olav et Unni. Ils ont été sauvés dans les années 70 et l'impact sur leur ville norvégienne a été remarquable. Un tiers des jeunes de la ville sont devenus chrétiens. Nous les avons rencontrés pour la première fois il y a environ dix ans lorsque nous sommes venus dans leur église et l'amour du Père les a profondément touchés. Tous les efforts d'Olav pour faire mieux, être « un bon chrétien », « un bon pasteur » ont cessé lorsqu'il a ressenti l'amour du Père et qu'il est entré dans le repos. L'amour du Père a transformé leurs vies.

Olav et Unni vont souvent au Kenya pour exercer leur ministère. Un soir à Nairobi, alors qu'ils rentraient d'une réunion chez eux à pied, neuf jeunes hommes les ont accostés, frappés violemment avant de les dépouiller de tout ce qu'ils avaient. Ils les ont laissés étendus au milieu d'une route en terre dans les bidonvilles de la ville. Lorsqu'ils ont repris connaissance, Unni était remplie de joie en réalisant qu'elle avait toujours son alliance ; tout le reste avait disparu. Tout ce qu'ils ont pu faire c'est ramper l'un vers l'autre et quand ils ont commencé à prier pour leurs attaquants, ils ont tous deux été remplis d'un tel amour pour ces jeunes hommes qui les avaient battus ! Ils en étaient stupéfaits ! L'amour a juste commencé à jaillir d'eux. Ils ne pouvaient s'empêcher de penser : « Ces jeunes hommes merveilleux, Seigneur, aide-les et aime-les. Ce sont des jeunes hommes tellement formidables, Seigneur bénis-les ! » Tout cet amour sortait de leurs cœurs. Cette expérience les a convaincus de la réalité absolue de l'amour du Père parce que cet amour a jailli de leurs cœurs sans le moindre effort. Ils n'ont pas eu à pardonner leurs attaquants parce qu'ils ont découvert qu'ils possédaient quelque chose de bien plus fort ! Ils possédaient un amour profond pour leurs ennemis.

C'est ainsi que devrait être un vrai cœur chrétien ! Ce n'est pas « qu'il faut que je leur pardonne » ou « je sais que ce qu'il faut faire c'est leur pardonner ! » Pour Olav et Unni c'était une expression débordante de l'amour qui était déjà présent dans leurs cœurs ! Ils n'ont pas eu à se demander si c'était la bonne chose à faire dans cette situation. Le même cœur que Jésus aurait manifesté se trouvait déjà en eux !

Quand Dieu change votre cœur, vous serez automatiquement différent.

Le christianisme, ce n'est pas apprendre comment agir et ensuite essayer de faire les choses par notre volonté humaine. Je crois, bien sûr, qu'il nous faut résister au péché avec toute notre détermination ; mais arrêter de pécher ne veut pas dire ressembler à Christ. Nous devons comprendre que Dieu seul peut transformer notre cœur afin que nous soyons à l'image de Christ. Quand il vous transforme, vous serez automatiquement différent sans même y penser.

Il est important que nous comprenions que le christianisme trouve son énergie en lui-même. Vivre une vie chrétienne vous transformera en tout ce qu'un chrétien peut et devrait être. Ce n'est pas vous qui allez le faire. Ni vos efforts, ni votre auto-contrôle ou votre discipline. Si vous commencez à mener une vie qui ressemble à une vie chrétienne, par vous-même, alors *vous* allez en tirer toute la gloire. C'est uniquement quand Dieu vous aura transformé *lui-même* que vous lui en donnerez toute la gloire. Dieu travaille dans nos cœurs pour changer ce que nous sommes, et à ce moment-là, nos attitudes et nos façons de penser changent *automatiquement* pour devenir comme celui qui nous a transformés.

TISSU CICATRICIEL

Si vous avez été profondément blessé au cours de votre vie il y a une blessure dans votre cœur et elle va y rester jusqu'à ce que Dieu la guérisse. Tant que la blessure sera présente une partie de vous sera tordue, faussée d'une façon ou d'une autre et ne pourra pas fonctionner comme elle le devrait.

Quand j'avais neuf ans je suis tombé de mon vélo et j'ai gardé une cicatrice à l'endroit où le guidon rouillé a entaillé ma peau. Je n'ai pas arrêté de pleurer. Quand je suis rentré à la maison je voyais une grosse coupure sur mon genou. Pendant que ma mère la nettoyait mon père l'a regardée et a dit : « Tu en garderas la cicatrice pendant toute ta vie ! ». La cicatrice est toujours là aujourd'hui et elle est toute petite. Vous savez pourquoi ? Mon genou a grandi ! Pourtant, la cicatrice a gardé la même taille parce que le tissu cicatriciel ne grandit pas. Quand votre cœur porte une cicatrice cette partie de vous ne grandit pas mais reste au stade d'enfant. C'est pourquoi nombre d'entre nous ont parfois des réactions immatures dont nous avons honte. Nous décidons que nous réagirons différemment la prochaine fois mais nous réagissons invariablement de la même manière ! La spécialité de Dieu c'est de guérir les cicatrices de votre cœur ! Quand il guérit une cicatrice de votre cœur, cette partie de vous va grandir et mûrir. Et d'ailleurs, ça ne met pas longtemps à grandir ! Heureusement Dieu nous guérit très vite !

Quand votre cœur a été négligé ou qu'il n'a pas reçu l'affection dont il avait besoin, qu'il a été brisé ou blessé, alors cette partie de votre cœur reste marquée jusqu'à ce que Dieu la guérisse. Le travail de Dieu c'est de guérir nos cœurs et il le fait en y déversant son amour consolateur.

VOTRE CŒUR, C'EST VOUS !

Lorsque vous êtes blessé dans votre cœur, la partie de vous la plus profonde est blessée. Pourquoi ? Parce que votre cœur ne vous appartient pas ! Votre cœur, c'est *vous* ! Votre capacité à faire des choix est une capacité que vous avez parce que votre volonté vous appartient. Vous pouvez diriger votre volonté comme bon vous semble. Vous n'êtes pas votre pensée mais vous pouvez changer d'avis. Vous pouvez décider de penser différemment. Donc, votre pensée n'est pas vous parce que vous pouvez contrôler ce que vous pensez. Vous pouvez éduquer votre pensée de plusieurs manières. Vous pouvez savoir qu'une chose est mauvaise mais décider de croire autre chose. Vous pouvez diriger votre pensée. Votre pensée n'est pas vous : elle est à vous.

Il en est de même avec vos émotions. Vos émotions vous appartiennent mais elles ne définissent pas qui *vous êtes*. Beaucoup sont piégés dans cette pensée que leurs émotions sont en fait qui ils sont. Quand ils se sentent tristes, alors le monde entier est triste. Si au contraire, ils sont joyeux alors la vie est magnifique. S'ils dépriment, alors ils voient le monde comme un endroit déprimant. Vos sentiments et vos émotions vous appartiennent mais ils ne sont en rien ce que vous êtes vraiment. Ce n'est pas parce que vous ressentez les choses d'une certaine façon qu'elles sont ainsi.

Votre pensée est à vous, votre volonté est à vous, vos sentiments sont à vous. *Votre cœur, c'est vous.*

L'AMOUR QUI GUÉRIT

Quand Dieu transforme votre cœur vous commencez à aimer ce que Dieu aime. Vous commencez à ressentir ce que Dieu ressent. Vous commencez à penser comme Dieu pense. Vous commencez à faire ce que Dieu fait – automatiquement ! Donc ce livre n'est pas là pour vous éduquer mais plutôt pour que Dieu vienne dans votre cœur pour le guérir et y déverser son amour. Ainsi il change votre cœur pour qu'il devienne comme le sien.

La nouvelle extraordinaire, c'est que quand son amour vient, tout ce que le *manque d'amour* a abîmé en vous est inversé. Parfois j'aime utiliser le mot « désamour », qui n'est peut-être pas un vrai mot mais il décrit très bien la réalité. Il y a tant de choses dans ce monde que nous avons connues et qui ne sont pas de l'amour. Vous avez peut-être vécu beaucoup d'expériences traumatisantes de désamour qui ont généré des trous dans les fondations de votre vie. Chaque expérience de désamour est comme une explosion dans la partie la plus profonde de votre être. Lorsque Dieu déverse son amour dans cette fondation, les trous sont automatiquement remplis en premier. Son amour vient combler les trous et les traumatismes de votre vie et commence à vous restaurer.

Cependant, nombre d'entre nous ne comprenons pas cela. Dans la plupart de nos temps de ministère de relation-d'aide l'important était de diagnostiquer la blessure dans la vie d'une personne en essayant d'identifier et d'isoler les incidents par lesquels elle avait été blessée. Nous priions alors pour chaque incident, demandant à Dieu d'intervenir et Dieu répondait à nos prières en déversant son amour réparateur. Donc ça marchait ! Ce que j'ai découvert maintenant, par contre, c'est que si vous ouvrez votre cœur et que vous y laissez entrer l'amour du Père, il va remplir *tous* les trous ! Vous n'avez plus besoin de les identifier. Il vient les envahir tous, automatiquement ! Alors si nous trouvons la clef qui aide chacun à ouvrir son cœur afin que l'amour du Père y entre, et que cet amour continue d'y couler, alors nous serons guéris qu'on le veuille ou non !

Vous voyez, l'amour du Père se déverse dans votre cœur et c'est le lieu où vous le rencontrez. Je pensais autrefois que le ministère n'était rien de plus que cela. Nous pensions que le message du cœur du Père de Dieu avait comme but de guérir les gens émotionnellement. Mais j'ai découvert que la guérison du cœur n'est que l'introduction au fait de connaître le Père. Quand son amour vient il guérit nos cœurs. Si nous gardons nos cœurs ouverts nous pouvons devenir des fils et des filles en relation avec le Père et grandir dans la connaissance et l'expérience de son amour.

La clef est vraiment d'ouvrir nos cœurs. Je ne sais pas comment ouvrir mon cœur. Je n'ai pas la moindre idée de la façon dont ça se passe. J'aimerais bien le savoir. Mais ce que je *peux* faire c'est m'incliner devant Dieu et lui dire : « Mon Dieu si tu veux faire quelque chose, quoi que ce soit, je suis d'accord. Même si ça fait mal, fais-le quand même. Père j'ai confiance dans le fait que tu es un Dieu bon et que tu ne me feras pas de mal. Je peux m'abandonner à toi. Je peux te faire confiance car tu es bon ».

Beaucoup d'entre nous avons des raisons de ne pas faire confiance aux gens dans nos vies. Il n'y a pas la moindre raison de ne pas faire confiance à Dieu. Certains disent : « Dieu a permis que cela se produise dans ma vie ». Mais Dieu ne vous a jamais rien fait de mal ni à qui que ce soit ! Absolument jamais ! Il ne peut faire que de bonnes choses. Il ne peut pas pécher. Donc nous n'avons aucune raison de lui en vouloir ou de lui pardonner pour quelque chose que nous aurions l'impression qu'il a fait. Nous pouvons penser qu'il a fait quelque chose de mal mais ce n'est pas le cas. Même si nous ne comprenons pas toujours ce qui se produit dans nos vies, la vérité est que Dieu est toujours bon et seulement bon !

En lisant ce livre je vous invite à lui abandonner votre cœur, dans la mesure de votre possibilité. Vous pouvez dire : « Père me voici, quoi que tu veuilles faire ». Peut-être que vous lisez ceci avec vos propres attentes mais je préfèrerais que les attentes de Dieu se réalisent plutôt que les miennes. Vous pouvez dire : « Père je suis là pour ce que *tu* veux pour moi, et non pour que tu répondes à mes attentes ».

Il n'est que bon. On peut lui faire confiance.

CHAPITRE 3

Pardonner avec le cœur

~

Quand Jésus est mort sur la croix il a dit : « Tout est accompli ! » Tout ce que Dieu peut faire pour nous a déjà été accompli. Tout ce que Dieu a dans son cœur pour nous est maintenant fourni. Nous entrons maintenant dans la réalisation de ce qu'il a fait. Ce que Jésus a accompli sur la croix devient réel dans notre propre expérience. Par le processus de la croissance du chrétien, vous et moi entrons dans la réalité de ce qu'il a déjà accompli. Dieu n'a pas besoin de faire plus. Christ a tout accompli. Pourquoi ne pouvons-nous pas entrer pleinement dans cette réalité ? Je vais explorer cela dans les deux prochains chapitres.

Il est déjà en train de nous aimer

Dans toute cette révélation de l'amour du Père le problème n'est pas que nous essayons de l'amener à déverser son amour dans nos cœurs. Parce que son amour est continuellement déversé sur nous, à chaque instant. La question est : « *Pourquoi est-ce que je ne vis pas cela davan-*

tage ? Pourquoi n'est-ce pas une réalité pour moi ? »

Le problème majeur auquel nous sommes confrontés est la présence de blocages en nous qui empêchent cette réalité de devenir notre vie. Quand nous nous en débarrassons l'amour du Père devient de plus en plus concret dans notre vie. Le chant du réveil gallois était un hymne magnifique : « Here is love vast as the ocean, loving kindness as a flood »[3]. L'amour de Dieu est comme un océan. Je sais à quoi ressemblent les océans. Cela prend près de douze heures pour voler de la Nouvelle-Zélande à Los Angeles et entre les deux il n'y a rien d'autre que l'océan. Nous commençons tout juste à tremper le bout de nos orteils dans l'extraordinaire océan de l'amour du Père.

Lorsque nous entrons dans l'expérience continue de son amour pour nous cela transforme notre personnalité. Cela change notre vie et nous conduit à ressembler davantage à Jésus. *C'est l'amour lui-même qui nous transforme.* La clef pour la croissance spirituelle, c'est de nous débarrasser de tout ce qui nous empêche de connaître la réalité de son amour. C'est la vérité la plus simple et aussi la plus profonde.

LE CHRISTIANISME TROUVE SON ÉNERGIE EN LUI MÊME

Le christianisme est *dynamisé* par lui-même de l'intérieur vers l'extérieur. Si vous vivez un vrai christianisme il fera de vous un chrétien et vous transformera pour être semblable à Jésus. Vous n'avez *rien* à faire pour que cela se produise. Si vous n'êtes pas sans cesse transformé à la ressemblance de Jésus c'est que vous ne vivez pas vraiment le christianisme. L'essence du christianisme est tout simplement ceci : Jésus est mort sur la croix pour nous réconcilier avec Dieu afin que nous puissions entrer en relation avec son Père et vivre l'expérience d'être continuellement aimé par le Père. Le christianisme, c'est bien

---

3 NDT : Littéralement, « Son amour est vaste comme l'océan, son amour bienveillant comme une inondation »

plus que juste savoir que Dieu nous aime. C'est faire l'expérience *réelle* de son amour, chaque jour, à chaque instant. La différence entre ces deux réalités est énorme. Même le diable sait que Dieu vous aime. Ce n'est pas de la foi. C'est juste une doctrine correcte. La foi, c'est *savoir* qu'il est toujours en train de vous *aimer*. Si vous n'en faites pas l'expérience, c'est à cause de blocages dans votre cœur. Lorsque les blocages sont éliminés les cieux sont ouverts.

Le christianisme, c'est un peu comme si une personne avait touché un héritage d'un proche décédé, mais qu'elle ne le sait pas. Il y a quelques années les médias néo-zélandais ont relaté l'histoire d'un homme qui avait hérité d'une forte somme d'argent d'un lointain parent sud-américain dont il n'avait jamais entendu parler. Il avait fallu aux exécuteurs testamentaires plusieurs années pour le retrouver et comprendre qu'il était le seul parent vivant. Il a hérité la somme vertigineuse de treize milliards de dollars.

Imaginez le scénario ! Un jour il reçoit un coup de téléphone d'un avocat qui le convoque à un entretien. Il se rend à l'entretien et apprend que cette somme d'argent colossale lui appartient désormais entièrement. Quel choc ! Que pensez-vous qu'il ait fait le lendemain ? Cela a dû changer sa vie de manière radicale et permanente. Nous pourrions passer des heures à imaginer ce qu'il pourrait faire et comment sa vie serait transformée.

Cher lecteur, la vérité est que le christianisme est exactement comme cela. Par la mort et la résurrection de Jésus nous avons reçu un héritage immense. Nombre d'entre nous n'avons pas la moindre idée de ce que c'est, mais nous sommes en train de l'apprendre. Nous découvrons ce que cela signifie réellement d'être sauvé. C'est bien plus que de gagner un billet pour le ciel, d'avoir une bonne vie, d'être bon envers son prochain, d'être un bon employeur ou un bon employé, d'aller à l'église régulièrement ou même d'avoir un ministère dans l'église. Beaucoup pensent que tout cela c'est le christianisme ! Laissez-moi vous dire, le christianisme est juste un peu plus grand !

Le christianisme c'est vous et moi devenant comme Jésus ! C'est le but. De vivre une vie dans l'éternité conforme à la vie de Jésus dans l'éternité. Ça va bien au-delà de ce que l'on peut imaginer ! Le christianisme est une chose énorme et nous avons hérité de tout ! Celui qui n'est chrétien que depuis cinq minutes n'a pas hérité moins que celui qui l'est depuis quatre-vingt-cinq ans. Celui qui est chrétien depuis plus longtemps a peut-être une meilleure compréhension de son héritage mais en fait nous possédons tous la même chose.

Un jour Einstein a dit : « Vous n'avez pas vraiment compris quelque chose si vous ne pouvez pas l'expliquer à votre grand-mère ». J'aime beaucoup cela parce que quand on sait réellement quelque chose dans la vie cela devient simple. Ce dont je parle n'est pas compliqué. Le Père nous aime et cela nous transforme. En connaissant cet amour, en expérimentant cet amour, en marchant dans cet amour, il nous transforme à l'image du Seigneur. Donc, j'aimerais vous parler de certaines des choses qui m'ont bloqué dans ma vie et vous montrer le chemin que le Seigneur m'a fait prendre pour m'amener où j'en suis.

UN MIRACLE INCONFORTABLE

Nous avons rencontré Jack Winter pour la première fois en Nouvelle-Zélande en 1976 et c'est là qu'il nous a invités à prendre part à son ministère, Daystar Ministries, aux États-Unis. Nous y sommes partis en 1978, atterrissant dans la ville de Los Angeles étouffante de chaleur avant de rejoindre Indianapolis. Nous n'avions pris qu'un billet aller-simple, ce qui pour moi était un merveilleux miracle de Dieu, car pour entrer sur le sol américain il fallait pouvoir présenter un billet retour. Dorothy Winter est venue nous chercher à l'aéroport puis nous nous sommes rendus dans leur centre à Martinsville dans l'Indiana. C'est là que nous avons commencé à entendre parler de l'amour du Père.

Cependant, j'avais un gros problème. Je n'avais pas vraiment l'impression d'être appelé à un ministère d'amour. J'étais un homme de Dieu pas une mauviette de Dieu. Ces « trucs sur l'amour », ce n'était pas pour moi ! Pour moi le ministère signifiait être un « instrument bien tranchant » avec des mots capables de réduire à néant les puissances du mal et de mettre les démons à genoux. Quand nous avons rejoint le centre de Jack, Denise, nos trois enfants et moi, j'étais consterné en découvrant que tout ce qui comptait c'était « ces trucs d'amour ». J'avais peur d'avoir commis une terrible erreur mais nous ne pouvions pas rentrer car nous n'avions pas de billet de retour ! Le Seigneur accomplissait ses plans au milieu de mon inconfort.

Nous étions donc coincés là-bas et au bout d'un moment j'ai commencé à me demander ce que je pouvais faire pour rendre notre temps profitable. Un jour, alors que je discutais avec une de leurs intercesseurs, en la regardant, j'ai pu voir dans ses yeux qu'elle savait ce que voulait dire prier. Je me suis dit : « Je ne sais pas du tout comment prier, mais elle oui ». Alors j'ai pris la décision que dorénavant j'allais essayer d'apprendre.

Apprendre à prier comme un homme, un vrai

J'étais très motivé par une histoire du livre des Actes dans laquelle Pierre se trouve en haut d'un toit et il est dit que pendant qu'il priait il a eu faim. Je me suis demandé : « Combien de temps faut-il pour qu'un homme ait faim ? ». Au moins quelques heures, sûrement. Je me reconnaissais dans Pierre car c'était un homme physique, qui travaillait dur. Un homme aux mains calleuses et au visage buriné. Un homme qui aimait vivre dehors, tout comme moi. Le genre d'homme qui, quand les choses tournaient mal, se soignait par le travail. Il était parti pêcher après la mort de Jésus. Il ne s'était pas écroulé sur son lit pour pleurer ni ne s'était enfermé dans une pièce pour lire des poèmes. J'aime la poésie et j'ai écrit quelques poèmes moi-même, mais c'est à Pierre, le travailleur, que je m'identifiais le plus. Mes mains aussi étaient calleuses. J'avais passé une bonne partie de ma vie dans les montagnes en tant que chasseur professionnel puis comme entrepreneur avant de me marier avec Denise.

Donc, je pouvais m'identifier à cet homme costaud et dur qu'était Pierre. Même un homme d'extérieur, actif, travailleur comme lui, a appris à avoir de l'endurance dans sa vie de prière. Parfois on pense qu'il est plus facile pour un introverti ou un intellectuel de prier longtemps, mais là on voit que Pierre a prié jusqu'à ce qu'il ait faim. Cela m'a lancé un défi.

Un autre personnage biblique qui m'a défié, c'est Elie. Il était également un homme dur. On dit de lui que son front était « comme le diamant ». Ce n'était pas à la portée de n'importe qui d'accomplir ce qu'il a réalisé. Je suis sûr que si Elie entrait dans une pièce, nous serions probablement terrifiés par son regard. Ce qui m'a interpellé c'est qu'il est écrit qu'il était assis sur une colline (2 Rois 1:9). Pour moi cela indique qu'il avait une vie de prière. Il savait prendre le temps de s'asseoir simplement avec Dieu.

Le fait que je ne savais pas prier longtemps représentait un défi pour moi. J'ai donc voulu apprendre à prier. Mon objectif était de ressembler à un de ces personnages qui m'inspirait tant au cours de mes lectures. Dans le sous-sol de notre logement se trouvait une jolie petite chapelle entièrement décorée en vert. Je décidai que j'irais y passer du temps tous les samedis matin quand il n'y avait personne. Je planifiais de fermer la porte, de rester là et de prier aussi longtemps que possible.

Alors que le samedi suivant approchait, je réfléchissais à une liste de sujets pour lesquels prier. Je mobilisais tout ce qui pouvait s'apparenter à de la prière pour que cela dure le plus longtemps. Je pensais que si mon esprit se mettait à vagabonder, je ne me condamnerais pas mais je recentrerais mes pensées. J'étais en paix avec l'idée que je ne demanderais pas pardon pour ma fragilité humaine mais que je suivrais juste ma liste de requêtes. Le samedi matin suivant je me suis enfermé dans la chapelle et j'ai prié pour tout ce qui me venait à l'esprit.

J'ai prié en langues, en anglais, en chantant, face contre terre, allongé sur le dos, en faisant le tour de la pièce en courant. J'ai prié aussi longtemps que possible, aussi lentement que possible pour que cela dure plus longtemps. J'avais ma Bible avec moi, mais j'étais là pour prier, pas pour lire la Bible. Après ce qui m'a paru durer une éternité les murs semblaient se refermer sur moi. Je m'ennuyais et je commençais à souffrir de claustrophobie. Je me suis précipité vers la porte et je suis sorti dans le couloir. J'ai regardé ma montre, il était 6 heures 20. J'avais commencé à 6 heures.

Bon, je ne suis pas quelqu'un qui abandonne facilement. C'était la réalité de l'apprentissage de la prière. Pendant le restant de la semaine je réfléchissais à d'autres choses pour lesquelles prier. J'étais déterminé à persévérer parce que je m'étais engagé à y aller chaque samedi. Le samedi suivant j'ai suivi le même processus : j'ai prié pour tout ce qui me passait par la tête, aussi lentement que possible, en langues, en anglais, en chantant, debout, assis, étendu, en courant. Toutes les formes possibles des différentes méthodes de prière. Et pour finir, après être arrivé au bout de ce que je pouvais faire, j'ai constaté que j'avais tenu vingt-cinq minutes ! J'y voyais un progrès, mais ça allait prendre un moment avant que je puisse rester assis sur une colline pendant des jours entiers comme Elie l'avait fait ! Et je n'avais certainement pas faim comme Pierre !

J'ai continué à descendre à la chapelle tous les samedis. C'était du travail, mais je persévérais parce que je pensais que si d'autres pouvaient le faire, je le pouvais aussi. Je voulais être un homme de Dieu et j'étais prêt à me donner les moyens de le devenir.

Et puis, un jour, quelque chose s'est produit. Pendant que je priais, soudain, la présence du Seigneur est entrée dans la pièce. J'avais déjà ressenti sa présence bien des fois auparavant, mais je ne l'avais jamais ressentie à ce niveau alors que je me trouvais seul. J'avais puissamment ressenti la présence de Dieu avec d'autres, pendant une réunion, mais jamais tout seul. C'était assez impressionnant. Lorsque sa présence est venue, ma première pensée a été de ne rien faire qui pourrait le faire quitter la pièce. J'avais la Bible à la main et j'hésitais à l'ouvrir. Je n'ai rien demandé parce que je craignais que cela passe pour de l'égoïsme ou de mauvaises intentions. Je suis resté là, devant lui, dans sa présence. Au bout d'un moment, sa présence est partie, se dissipant comme la brume dans la montagne. Et tout à coup j'ai réalisé que j'étais seul. Il était parti. J'ai regardé ma montre. Plus d'une heure s'était écoulée alors qu'il me semblait que ça n'avait duré que cinq minutes. Je ne l'ai pas compris sur le moment, mais j'apprenais non seulement le secret de la prière, mais aussi celui de la vie chrétienne.

La vie chrétienne est centrée sur une chose et cela consiste à trouver sa présence et à demeurer dedans, à apprendre à vivre avec la réalité consciente de sa présence en vous. Chaque fois que je descendais à la chapelle après ce jour-là, je recherchais sa présence. Parfois elle venait, parfois pas, mais elle venait de plus en plus régulièrement. J'apprenais de plus en plus comment trouver sa présence.

Et puis, un jour, alors que je priais, quelque chose se produisit qui a tout changé. C'est la dernière fois que je suis allé prier dans la chapelle. La présence de Dieu est venue, j'étais avec lui. Mes temps de prière duraient à présent trois à quatre heures. Je faisais les cent pas dans la chapelle, ma Bible ouverte à la main. Ce jour-là, alors que je faisais demi-tour après avoir traversé la pièce, soudain le Seigneur me parla.

Ce moment a influencé ce que je suis aujourd'hui et bien au-delà. Ce que je ne savais pas encore, c'est que cet instant a impacté la vie de milliers de personnes. Dieu m'a parlé comme un grand défi. Il m'a posé une question qui m'a secoué au plus profond de moi. La question comptait cinq mots mais elle en impliquait bien plus. Rappelez-vous que je me posais beaucoup de questions sur la façon de recevoir l'amour du Père. Il m'a parlé de façon très claire, je ressentais sa présence fortement. Tout à coup, je me retrouvais sous les feux des projecteurs. J'avais le sentiment que Dieu me regardait attentivement pour voir comment j'allais répondre à sa question.

D'une certaine façon, je savais qu'il pouvait voir ce que je pensais et ressentais. Chacune de mes réponses étaient mises à nu. J'avais peur alors que j'étais examiné par le Seigneur. C'était comme un projecteur combiné à une radiographie. Hébreux 4:13 dit : « *Aucune créature n'est cachée devant lui : tout est nu et découvert aux yeux de celui à qui nous devons rendre compte.* » Je prenais conscience de la réalité de ce verset et ça m'effrayait. J'étais exposé à son regard implacable. J'étais là, debout, à chercher comment répondre à cette question. C'était très facile à comprendre, mais très difficile à gérer.

Il m'a simplement demandé : « *James, de qui es-tu le fils ?* »

S'il avait posé une question légèrement différente ou s'il l'avait formulée différemment j'aurais pu donner une réponse facile. S'il m'avait juste demandé : « James, qui est ton père ? », j'aurais pu lui répondre : « C'est Bruce Jordan ». Il n'y aucun doute à ce sujet. Bruce Jordan est bel et bien mon père. Mais il ne m'a pas demandé qui était mon père, il m'a demandé *de qui* j'étais le fils. Et j'ai pris conscience, alors que je répondais à cette question, qu'il y avait très très longtemps que *j'avais cessé* d'être un fils vis-à-vis de mon père.

FERMER MON CŒUR À MON PÈRE

Je me souviens très bien d'une situation, quand j'avais environ dix ans : j'étais assis chez le barbier pour une coupe de cheveux mes bras reposant sur les accoudoirs du vieux fauteuil en cuir. Chaque personne de notre ville avait au moins un fusil pour la chasse et pour les compétitions de tir qui avaient lieu régulièrement. Le barbier était le chasseur le plus réputé de la ville. Il partait dans les collines sans rien de plus que son fusil, une couverture pour dormir, un sac de farine avec du riz et du sel pour se nourrir, et tout cela pour plusieurs semaines. Ma mère, cependant, était la meilleure tireuse de la ville. C'était une véritable « Annie Oakley »[4]. Elle sortait tirer le lapin et revenait avec soixante à quatre-vingt-dix lapins en un après-midi, tous avec une balle dans la tête. J'ai toujours son fusil aujourd'hui.

Pendant qu'il me coupait les cheveux un autre homme est entré et lui a parlé. « Comment s'est passée ta dernière expédition de chasse au cerf ? », s'est enquis le barbier. L'homme a alors dit quelque chose qui a changé ma vie. Il a expliqué que son expédition de chasse avait été infructueuse parce que des chasseurs payés par le gouvernement étaient passés par là et n'avaient laissé que peu de cerfs à chasser. Ces chasseurs étaient employés par le gouvernement pour vivre dans la montagne et tuer les cerfs. C'est tout ce qu'ils faisaient, rester dans des huttes et dormir sous les rochers. Quand j'ai entendu cela j'ai tout de suite compris que ces chasseurs du gouvernement étaient bien meilleurs que le meilleur chasseur de la ville parce qu'ils avaient tué tous les cerfs et n'en avaient laissé aucun pour les autres chasseurs. Dès lors, tout ce que je voulais c'était vivre seul dans les montagnes et

---

4   NDT : Annie Oakley était une des femmes légendaires de l'ouest américain, célèbre pour sa redoutable précision au tir

chasser des cerfs pour le gouvernement.

J'aime la montagne mais ce qui m'a vraiment attiré dans ce style de vie c'est le sentiment d'être libre de toute relation. J'avais découvert que les gens pouvaient me blesser et si je pouvais vivre sans les gens je vivrais sans douleur. Une grande partie de ma douleur était liée à mon père. Quand j'ai entendu parler des chasseurs de cerfs gouvernementaux, j'ai abandonné tout effort à l'école. Chaque fois que j'avais un bulletin de notes, mes professeurs disaient à mes parents : « James a les meilleures capacités de toute la classe mais il ne les utilise pas ». J'étais capable de me débrouiller et de réussir mes examens sans passer trop de temps à l'école. De ce fait, je passais autant de temps que possible en dehors de l'école. Je fournissais juste l'effort nécessaire en attendant mes dix-huit ans et être assez âgé pour devenir un chasseur de cerf. En fait, ils m'ont même permis de commencer à dix-sept ans. J'avais été tellement blessé par mon père que je lui avais fermé mon cœur bien avant mes dix ans et depuis j'avais cessé d'être un fils pour lui.

Maintenant, alors que le Seigneur me confrontait avec cette question : « James, de qui es-tu le fils ? » J'ai tout de suite compris qu'il attendait un nom. La question était très précise : « James, *de qui es-tu le fils ? Donne-moi un nom !* »

La première chose que j'ai pensée lui dire était : « Je suis le fils de Bruce Jordan ». Cependant, j'ai tout de suite réalisé que je ne pouvais pas répondre ainsi parce qu'il examinait mon cœur et qu'il savait que je n'avais pas été un fils pour mon père.

La question a remué des choses profondes en moi. Au cours des mois précédents j'avais lu l'Évangile de Jean et j'avais été touché par ce que Jésus disait au sujet de sa relation avec son Père. J'avais souligné tout ce qu'il avait dit. Des phrases comme : « *Je prends plaisir à faire*

Ta volonté », ou « *J'ai à manger une nourriture que vous ne connaissez pas. Ma nourriture est de faire la volonté de celui qui m'a envoyé et d'accomplir son œuvre* ». J'ai soudain compris que Jésus prenait tant de plaisir à faire la volonté de son Père qu'il lui arrivait même de ne pas ressentir la faim. Et quand je repensais à ma propre relation avec mon père je commençais à voir que c'était complètement différent. J'ai compris que ce que le Seigneur me demandait réellement c'était : « James pour qui as-tu été un fils comme Jésus l'a été envers moi ? » C'est cela qu'il demandait en réalité.

Le Seigneur mettait son doigt sur un des obstacles majeurs dans la préparation de mon cœur à recevoir l'amour du Père. Mon attitude envers mon père terrestre était un énorme obstacle dans mon cœur qui m'empêchait de recevoir la paternité de Dieu.

MON PAPA

Un de mes souvenirs persistants de mon papa est qu'il avait une capacité réelle à provoquer des disputes, en particulier lorsqu'il était ivre, ce qui arrivait assez souvent. Peu importe ce qui était dit, il choisissait toujours le camp adverse et se montrait provocateur et querelleur. Quand j'étais enfant je ne comprenais pas que mon père avait des problèmes dans lesquels il était enfermé. Je pensais juste qu'il me haïssait. Souvent, il venait me provoquer au point que je ne pouvais plus me contrôler physiquement et que je disjonctais sous le coup de la colère et de la frustration. Quand il provoquait une dispute tout ce que je l'entendais dire c'était que j'étais stupide. « Il y a quelque chose qui ne va pas avec ton cerveau. Tu es un crétin. Tu n'es pas assez bien pour moi. Je ne t'aime pas. Tu es fou. Tu es incapable de penser clairement. Il y a quelque chose qui ne va pas en toi ! » Depuis, il y a quelque chose que j'ai appris au sujet des disputes. Se disputer n'a rien à voir avec le sujet débattu. Le sujet n'est qu'un outil qu'une personne querelleuse va utiliser pour avoir le dessus sur l'autre. Une dispute est en fait une lutte de pouvoir.

Il ne fait aucun doute que mon père avait des problèmes. Et c'était aussi mon cas. Mais je n'étais qu'un petit garçon. Et lorsqu'il pouvait utiliser toute la force d'une voix d'adulte, d'une pensée d'adulte et toute la force de sa personnalité contre moi, il y a des fois où les portes des placards sortaient de leurs gonds sous mes coups de pieds. Je voyais rouge presque littéralement, je claquais les portes, puis je partais vers la colline derrière chez nous en courant, fulminant et pleurant jusqu'à ce que mon cœur se calme. Je rentrais une fois que les lumières étaient éteintes, puis je passais par la fenêtre de ma chambre et j'allais me coucher. Personne ne venait voir si j'étais rentré ou non. Il y avait de la tension pendant des jours dans la maison puis petit à petit, elle s'estompait jusqu'à la dispute suivante. En grandissant avec ça j'ai fermé mon cœur à mon père.

PARDONNER PAR NOTRE VOLONTÉ

Peu après que je sois devenu chrétien un homme est venu prêcher dans notre église. Le message qu'il a prêché était à peu près le suivant : « *Vous devez pardonner ceux qui ont péché contre vous. Si vous ne pardonnez pas Dieu ne vous pardonnera pas* ». J'ai compris ce qu'il disait. J'avais lu les Écritures bien souvent. Mais j'avais interprété ce verset comme l'assurance de la vie éternelle : en refusant de pardonner on pouvait perdre son salut. Je ne voyais aucune autre signification à ce verset.

S'il y a bien un sujet sur lequel je suis intraitable c'est bien celui-là. Je crois que de nombreux chrétiens dans le monde ont été trompés au sujet de ce que le *pardon* est réellement. Beaucoup de chrétiens pensent avoir pardonné à quelqu'un alors que dans leur cœur ils ne l'ont pas fait. Ils croient que la question est réglée parce qu'ils ont pardonné comme on le leur a appris. Alors que j'écoutais cet orateur je sentais une immense pression de pardonner à mon père sans quoi je perdrais mon salut. J'étais pris au piège ! Je voulais quitter la pièce mais je ne pouvais pas. Je pensais que la quitter reviendrait à quitter le christianisme. Alors je suis resté là et la pression a augmenté.

La dure réalité est que je ne voulais pas pardonner à mon père. Aucun os dans mon corps n'avait le moindre intérêt à lui pardonner. Mais l'orateur était inflexible, je devais le faire.

CE N'EST PAS UNE QUESTION DE VOLONTÉ

Enfin, à la fin de la réunion, il a dit : « Si une personne a besoin de pardonner à quelqu'un qu'elle s'avance maintenant ». Je me suis donc avancé, toujours avec cette lutte intérieure et un des anciens est venu à côté de moi. Au bout d'un long moment, comme je ne parvenais pas à dire les mots pour pardonner à mon papa, il m'a dit : « James, fais appel à ta volonté ».

Quand il a dit cela j'ai su que c'était la clef pour sortir de cette pièce car je savais comment utiliser ma volonté. A l'époque quand j'étais dans la montagne parfois le mauvais temps arrivait, les rivières sortaient de leur lit et je me retrouvais trempé jusqu'aux os et frigorifié. Dans cette situation, si on ne regagne pas un refuge lointain avant le soir on risque de ne pas survivre à la nuit. Alors on fait appel à sa volonté et on parvient en dépit du vent et de la pluie à atteindre le refuge. Ce genre de situation était très réel pour moi et je savais ce que cela signifiait que de mettre ma volonté en action. Alors quand l'ancien a dit cela, j'ai verrouillé mes émotions et par un acte de ma volonté j'ai dit : « Je pardonne à mon père dans le nom de Jésus ». J'étais si soulagé. Les larmes ont cessé de couler. J'étais heureux. Je sentais que mon salut éternel était assuré.

De retour dans la chapelle, ce jour-là, quand le Seigneur m'a demandé de qui j'étais le fils, j'ai réalisé que j'avais toujours d'énormes problèmes dans mon cœur concernant mon père. Je n'avais pas été un fils pour lui. Je n'avais pas eu de relations avec lui. Je ne le souhaitais même pas. Les disputes entre lui et moi continuaient encore de temps en temps. Jusqu'à ce jour-là, je n'avais jamais réalisé que ma confession de pardon n'avait été rien de plus qu'un vernis.

Beaucoup ont été amenés à penser que le pardon est un choix. Cela commence peut-être par un choix mais le pardon ce n'est pas réellement cela. Les mots « Je te pardonne », prononcés juste par un acte de la volonté, ne représentent pas un pardon authentique.

J'aimerais marquer une pause dans mon histoire de ce qui s'est passé dans la chapelle jusqu'au chapitre suivant et en venir au cœur de ce que je voudrais expliquer dans ce chapitre.

LE PARDON PAR LA VOLONTÉ OU LE PARDON DU CŒUR

Beaucoup de gens pensent avoir pardonné juste parce qu'ils ont fait un choix, ont fait appel à leur volonté et ont prononcé les mots de pardon.

Le mot « pardon » est devenu un tel stéréotype que la plupart des chrétiens partent allègrement du principe qu'ils savent ce qu'est le pardon. Ce que j'aimerais dire ici, dans ce livre, est assez différent. En fait, je n'ai jamais entendu personne d'autre partager ce que je vais vous dire.

Venez avec moi dans Matthieu, chapitre 18. La première partie de l'histoire commence au verset 21, lorsque Pierre arrive et pose une question à Jésus au sujet du pardon : « *Alors Pierre s'approcha de Jésus et lui dit : 'Seigneur, combien de fois pardonnerai-je à mon frère, lorsqu'il péchera contre moi ? Est-ce que ce sera jusqu'à 7 fois ?'* »

Voici la question de Pierre. Il disait vraiment : « Seigneur jusqu'où faut-il aller avec cette histoire de pardon ? Combien de fois est-ce qu'il faut que je le fasse ? »

Je sens une réticence dans la façon dont Pierre a posé la question. Pierre a très certainement été témoin de la grâce et de la miséricorde de Jésus à l'égard de la femme surprise en délit d'adultère et aussi lors d'autres incidents. Lorsque l'homme a été descendu par le toit pour être guéri, les premiers mots de Jésus pour lui ont été : « *Fils, tes péchés ont été pardonnés* » alors que l'homme n'avait même pas demandé pardon ! Pierre avait vu Jésus pardonner les péchés et faire preuve de miséricorde avec une grande liberté et une grande générosité. Cela devait faire un moment qu'il observait en se demandant : « Jésus, jusqu'où aller ? Comment réconcilier le pardon avec les exigences de la Loi ? » En posant cette question incroyable Pierre a exposé son cœur. Jésus lui a répondu : « *Je ne te dis pas jusqu'à sept fois, mais jusqu'à soixante-dix fois sept fois* ».

Je ne crois pas un seul instant que Jésus parlait de pardonner exactement quatre-cent quatre-vingt-dix fois et qu'au-delà Pierre serait tiré d'affaire. Ce que Jésus disait, c'est que le pardon n'a pas de fin. Il a exposé le fait que Pierre n'avait aucune idée de ce qu'est vraiment le pardon.

La façon dont le pardon est compris de nos jours implique que pardonner quelqu'un pour le même péché sept fois serait extrêmement difficile. Lorsque quelqu'un pèche contre vous, ça fait toujours mal. Il y a toujours une souffrance qui est impliquée d'une façon ou d'une autre. Alors leur pardonner et les laisser partir à plusieurs reprises ferait de plus en plus de mal à chaque fois. La plupart du temps nous appellerions la personne à rendre des comptes après la deuxième ou la troisième fois et puis l'amitié serait perdue. Alors quand Pierre a demandé : « *Seigneur, jusqu'à sept fois ?* », il pensait qu'il était très pieux. En fait, cela montrait qu'il n'avait rien compris. La grâce, la miséricorde et le pardon dont Jésus parlait étaient dans une dimension tout à fait différente.

AIMER LA MISÉRICORDE

Pour montrer ce que Jésus voulait réellement dire, regardons dans Michée 6:8. Beaucoup de gens ont des tableaux sur leurs murs qui citent ce verset :

« On t'a fait connaître, homme, ce qui est bien et ce que l'Éternel demande de toi : c'est que tu mettes en pratique le droit, que tu aimes la bonté et que tu marches humblement avec ton Dieu. »

Aimer la miséricorde ! La miséricorde c'est un cœur qui désire voir les coupables être libérés. C'est cela le pardon. Le désir de Dieu est que nous *aimions* pardonner. Cela ne doit pas être quelque chose que l'on doit faire, mais quelque chose que l'on *aime* faire. Le genre de cœur que Dieu recherche est un cœur qui *aime* pardonner.

Si vous aimez quelque chose vous n'arrêtez pas de le faire et de le refaire. Vous le faites à chaque fois que vous en avez l'occasion. Qui plus est, vous cherchez des occasions de le faire. Quand Pierre a demandé : « Seigneur, combien de fois dois-je pardonner à mon frère quand il pèche contre moi ? » Il disait en réalité : « C'est *dur*. Je n'aime pas faire cela, je trouve que c'est difficile. Je n'ai pas envie de pardonner ». Mais la réponse de *Jésus* a été : « Pierre tu n'as pas la moindre idée de ce que le pardon est vraiment ».

Jésus a poursuivi en racontant une histoire pour aider Pierre à comprendre la différence. Nous sommes souvent passés à côté de cela. Pierre ne comprenait pas vraiment ce qu'était le pardon. Il pensait que c'était le résultat d'une détermination humaine qui pouvait aller contre ce que la personne aurait *réellement* voulu faire. J'ai souvent échangé avec des gens qui m'ont dit : « Quelqu'un m'a fait ceci et j'imagine que je vais devoir lui pardonner tous les jours de ma vie ». Oui, il y a un processus de pardon. Ça m'a pris six mois pour le faire avec mon père. Je ne dis pas qu'il n'y a pas de processus car il y en a certainement un. Le Seigneur a commencé à m'emmener dans ces versets de Matthieu pour que je puisse arriver à pardonner à mon père comme Lui voulait que je le fasse. Il veut que l'on progresse du stade où l'on choisit de pardonner à celui où l'on pardonne avec amour et jusqu'à celui où l'on *aime* pardonner. Aller bien au-delà du pardon comme acte de volonté, jusqu'à pardonner sans cesse avec un cœur qui *aime* pardonner.

On a appris à la majeure partie de l'Église aujourd'hui que le pardon découlait d'un choix et d'un acte de volonté. Jésus n'est pas d'accord. Il dit que le pardon découle du cœur.

PARDONNER C'EST ANNULER UNE DETTE

Dans ce passage Jésus réalise que Pierre ne voit le pardon que comme un commandement dur auquel il faut obéir. Il lui raconte alors une histoire pour lui expliquer ce que c'est vraiment et l'amener à aimer pardonner d'un pardon qui vient du cœur. Je vais vous paraphraser cette histoire (de Matthieu 18:23-35).

Il était une fois un roi qui avait un serviteur qui avait détourné hors du royaume une somme d'argent exorbitante. On ne sait pas s'il l'avait jouée, s'il avait fait de mauvais investissements ou s'il avait tout dépensé, tout avait disparu. Quand il a été démasqué, il a supplié le roi de lui pardonner. Le roi lui a pardonné et a annulé sa dette.

Ensuite ce serviteur est sorti, et peu de temps après il a rencontré quelqu'un qui lui devait une petite somme d'argent. L'homme a égale-

ment supplié d'être pardonné pour cette petite somme d'argent mais celui à qui l'énorme somme avait été remise n'a pas voulu pardonner à cette personne et l'a fait jeter en prison jusqu'à ce qu'il rembourse le tout. Le roi en a eu vent, il a rappelé le serviteur et lui a dit : « Je t'avais pardonné tout cela et tu n'as pas pardonné quelqu'un qui te devait une petite somme ! » A cause de cela, le roi l'a fait jeter en prison où il fut torturé et tourmenté.

Voilà l'histoire. Au verset 34, nous lisons : « *Et son maître, irrité, le livra aux bourreaux jusqu'à ce qu'il ait payé tout ce qu'il devait* ». Puis Jésus a prononcé ce qui est probablement l'un des commentaires les plus sérieux du Nouveau Testament : « *C'est ainsi que mon Père céleste vous traitera, si chacun de vous ne pardonne pas à son frère de tout son cœur* ». En d'autres termes, vous serez tourmentés tant que vous n'accorderez pas un pardon qui vient du cœur. Jésus a raconté cette histoire dans un but : nous apprendre comment pardonner vraiment de tout notre cœur.

Au final, nous devons parvenir à ce stade où l'*on pardonne du fond du cœur*. La vérité est que *votre volonté n'est pas votre cœur*. Votre volonté vous appartient, votre cœur c'est *vous*. Nous savons cela parce qu'une personne peut contrôler sa volonté. Nous pouvons nous déterminer à vouloir faire quelque chose ou à *ne pas* faire quelque chose. Beaucoup de personnes qui ont fait le choix de pardonner mais n'ont pas pardonné de tout leur cœur, continuent à vivre dans une sorte de tourment en pensant : « *Cela n'a rien à voir avec le pardon puisque j'ai déjà pardonné. J'en ai fait le choix donc pour moi cette affaire est réglée, j'ai pardonné. Les problèmes que j'ai dans ma vie actuellement n'ont rien à voir avec le pardon puisque que j'ai pardonné, comme on me l'a appris* ». Mais en fait, le pardon *est* toujours le problème mais ils ne peuvent pas le reconnaître parce qu'ils croient qu'il a été correctement accompli dans leur vie.

Revenons donc à l'histoire à travers laquelle le Seigneur m'a conduit, verset par verset, pour m'aider à pardonner mon Père. Jésus a dit :

« C'est pourquoi, le royaume des cieux ressemble à un roi qui voulut régler ses comptes avec ses serviteurs ».

Lorsque j'ai lu ce verset, le Seigneur m'a parlé très clairement et simplement : « *James, en lisant cette histoire mets-toi à la place du roi* ». Ce roi doit pardonner à quelqu'un, donc pour comprendre comment ça marche pour nous, nous devons nous mettre à la place du roi.

Quand je me suis mis à la place du roi, mon père est devenu le serviteur qui m'avait tellement volé. Le roi a décidé, pour une raison qu'on ignore, de régulariser tous les comptes du royaume. Tout ce qui n'allait pas, il voulait y remédier. Il voulait que toutes les choses cachées soient découvertes et corrigées. Il détermina qu'il voulait avoir un royaume juste.

En lisant ceci vous pouvez vous mettre à la place du roi. Vous pouvez dire : « Seigneur, je désire que tous les comptes de ma vie soient régularisés. S'il y a des choses qui ne sont pas vraiment pardonnées, alors montre-moi lesquelles. Si je me suis trompé moi-même ou que je n'ai pas été capable de voir, Seigneur, peux-tu me le montrer afin qu'ici, aujourd'hui, nous puissions commencer à l'affronter ? Seigneur, je veux que tous les comptes de mon royaume soient régularisés ».

L'histoire continue : « *Quand il se mit à l'œuvre, on lui en amena un qui devait dix mille sacs d'argent* ». C'est l'équivalent de cent millions de dollars américains de nos jours ! Ce serviteur était visiblement un homme de confiance qui occupait une position d'influence dans le royaume.

Les pires péchés, ceux qui nous blessent le plus, viennent généralement de ceux qui sont proches de nous, en qui nous avons eu confiance. En général, lorsque vous n'avez pas confiance en quelqu'un, ce qu'il fait contre vous vient confirmer ce à quoi vous vous attendiez, mais quand vous lui faites confiance, cela inflige une blessure bien plus grave. Cet homme avait une position proche du cœur du roi. On lui a fait confiance et l'on a découvert qu'il volait de l'argent à son maître.

C'est pourquoi quand quelqu'un pèche contre vous cela fait mal. Parce lorsqu'il pèche contre vous il vient toujours prendre quelque chose de votre vie. Vous vous faites voler.

Vous n'avez pas besoin d'être dans le ministère depuis longtemps pour découvrir que certaines personnes ont été affectées de manière horrible par le péché d'autres personnes contre elles. Les dommages causés à leur vie, à cause de ce que quelqu'un d'autre a fait, sont absolument terribles. Quand une personne pèche contre vous elle vole toujours quelque chose de votre vie.

Un jour dans le Minnesota, Denise et moi avons prié pour une femme qui avait quatre-vingt-trois ans. À l'âge de trois ans elle avait été violée. Elle ne pensait pas que ce dont elle venait nous parler avait quoi que ce soit à voir avec cela. Son problème était qu'elle avait été mariée cinq fois et que chacun de ses maris avait demandé le divorce. Son cœur avait été brisé par tous ces hommes qu'elle avait aimés et qui l'avaient rejetée. Ils avaient tous dit la même chose, à savoir qu'elle était incapable de leur donner de l'affection, alors ils l'avaient rejetée. En écoutant son histoire nous avons appris qu'elle avait été violée quand elle n'avait que trois ans. Elle n'arrivait pas à voir ce qui était pour nous de plus en plus évident : que tous ses problèmes de couple étaient dus à une relation de cause à effet et qu'elle vivait avec l'héritage des abus vécus pendant son enfance.

Ce qui lui était arrivé à l'âge de trois ans avait détruit une partie de sa féminité. Cela lui a enlevé la capacité de pouvoir se lier librement et amoureusement et de profiter de l'intimité de la relation. Cela lui avait été volé. Plus tard, j'ai compris que ce n'était pas uniquement sa féminité qui lui avait été volée mais bien plus. L'expérience d'un mariage heureux avec des enfants lui avait été volée. La possibilité de devenir grand-mère lui avait été volée. Tous les avantages qu'un mariage stable pouvait amener dans une vie lui avaient été volés. À quatre-vingt-trois ans elle n'avait rien de tout cela. Cela lui avait été volé quand elle avait trois ans.

J'ai placé mes bras autour d'elle et j'ai demandé au Père de venir déverser son amour dans la partie de son cœur qui avait trois ans pour guérir cette blessure. Un miracle s'est produit ce jour-là. Cette femme âgée a commencé à rire comme une petite fille de trois ans. Elle riait aux éclats. Puis elle s'est arrêtée, nous a regardés d'un air sérieux et a demandé : « Pourquoi est-ce que Dieu a mis tellement de temps à me guérir ? » Je n'avais pas la réponse à cette question. Tout ce qui me venait c'était : « Eh bien, mieux vaut tard que jamais j'imagine ». En entendant cela elle a recommencé à rire : « Oui ! Mieux vaut tard que jamais ! » Elle débordait de joie en entendant ces paroles. Elle était guérie.

Quand les gens pèchent contre nous, en fait ils nous volent *toujours* quelque chose.

Si on ne comprend pas ce qui est volé, on ne peut pas annuler la dette.

Quand elles font quelque chose de mal, de nombreuses personnes s'excusent rapidement de façon superficielle : « Mon frère je suis désolé. Excuse-moi ». On sait bien que demander pardon est une attitude chrétienne. Et que la réponse chrétienne est : « Oui je te pardonne », et on pense que tout est terminé. Mais en réalité, dans la plupart des cas, la relation n'est jamais guérie. La relation n'est pas restaurée et comme on a prononcé les mots de pardon on ne peut pas identifier ce qui ne va pas. Il existe de nombreuses relations superficielles dans le corps de Christ pour cette même raison. Des blessures du cœur qui n'ont jamais été guéries. *Si on ne comprend pas ce qui est volé, on ne peut pas annuler la dette.*

Donc, dans cette histoire, dix mille talents ont été dérobés. Pour que ce roi pardonne, il doit annuler une dette de cent millions de dollars. Ça fait beaucoup d'argent.

LE PARDON DU CŒUR VOUS COÛTERA

J'aimerais utiliser un petit scénario. Imaginez qu'un jour je passe devant chez vous et je décide de m'arrêter et de vous emprunter $20. Quand j'arrive devant votre maison vous n'êtes pas là, mais la porte est grande ouverte et j'aperçois votre portefeuille sur la table. Je jette un coup d'œil et me dis : « S'il était là, il me les donnerait. C'est mon ami. Donc je vais le prendre de toute façon ». Alors j'entre et je prends les $20 que je dépense et il ne reste plus rien.

Plus tard, quand vous rentrez chez vous, vous remarquez tout de suite que les $20 ont disparu. Vous vous dites : « On me les a volés. Je n'aurais pas dû laisser la porte ouverte ». Cependant, le lendemain le Saint-Esprit me convainc et je réalise qu'en fait j'ai péché. Ce n'était pas un prêt. J'avais en fait volé cet argent. Donc je reviens chez vous et vous dis : « Frère je suis désolé, hier quand tu étais sorti je suis entré chez toi et j'ai pris $20 dans ton portefeuille et j'ai tout dépensé. Il ne reste plus rien. Veux-tu me pardonner ? »

Vous avez maintenant un choix, mais le choix implique vos émotions car vous étiez probablement lié émotionnellement à ces $20. Pour renoncer à ces $20 vous devez annuler la dette. Si vous ne me pardonnez pas alors je devrai vous les rendre. Le non-pardon exige que le pécheur restitue absolument tout. *Le pardon annule la dette.* Ce qui est difficile avec le pardon c'est que l'innocent paie pour le coupable. Cela a toujours été comme ça. On le voit avec Jésus. Son pardon envers les pécheurs lui a coûté sa vie ! Le pardon et la miséricorde vont en fait à l'encontre de la justice. Ça va vous coûter $20 de me pardonner. La chose merveilleuse à propos du pardon est que lorsque nous pardonnons à quelqu'un cela nous fait ressembler davantage à Jésus. Lorsque nous annulons la dette, quand nous payons pour le péché de quelqu'un d'autre, cela nous connecte plus étroitement et nous transforme davantage à son image.

Vous pouvez penser : « Qu'est-ce que c'est $20 entre James et moi ? Ce n'est pas quelqu'un de méchant. Il a fait une erreur ici. Très bien, j'annule sa dette ». Alors vous dites « C'est bon, je te pardonne ». Et moi je pars, je suis libre et je n'aurai jamais à rembourser la dette.

Maintenant, je voudrais changer quelques détails de l'histoire. Quand je suis entré dans votre maison et que j'ai ouvert le portefeuille pour prendre les $20, j'ai remarqué votre carte VISA. Et en plus, vous aviez laissé le code PIN au dos. Donc je prends la carte VISA et les $20 et je vais à la banque où je retire $1 000 de votre compte bancaire et je replace votre carte VISA dans le portefeuille. Je prends aussi les $20 et je dépense tout, donc $1 020. Il ne reste plus un centime. Le lendemain je suis convaincu de péché. Mais vous, quand vous rentrez chez vous, la carte VISA se trouve toujours dans votre portefeuille, il ne vous manque donc que $20. Vous n'avez pas idée qu'il manque $1 000 de plus jusqu'à ce que vous receviez votre relevé mensuel.

Le lendemain, quand le Saint-Esprit me convainc, que je viens chez vous et que je vous dis : « Mon frère, je suis tellement désolé. Hier je suis venu chez toi et je t'ai volé de l'argent. Acceptes-tu de me pardonner ? ». Notez que je ne donne pas de détails au sujet de la carte

VISA, donc vous pensez que ça ne concerne que $20. En réalité, je vous ai volé $1 020, mais je vous demande de me pardonner pour tout ce que je vous ai pris. Alors quand je vous demande : « Mon frère, je t'ai volé de l'argent. Est-ce que tu veux bien me pardonner ? » et que vous dites : « Qu'est-ce qu'une dette de $20 entre toi et moi ? Ok James, je te pardonne ».

Laissez-moi vous poser la question. Suis-je pardonné ? Non ! Je *ne* suis *pas* pardonné.

Vous ne pouvez pas me pardonner tant que vous ne savez pas ce qui vous a été pris ! Vous m'avez pardonné pour les $20 mais quand vous allez recevoir votre relevé de comptes, vous allez devoir refaire le même processus une fois encore. Et votre réaction émotionnelle sera plus forte avec $1 000 qu'avec $20. Ça va toucher votre vie de façon plus tangible. Peut-être que les $1 000 étaient réservés pour vos vacances ou pour quelque chose d'important pour vous. $1 000, ce n'est pas une petite somme et dans votre cœur c'est plus difficile de me pardonner pour cela.

La plupart d'entre nous, quand nous avons pardonné quelque chose à quelqu'un, nous n'avons pas réellement considéré ce qui nous avait été volé.

Je découvrais cela alors que le Seigneur m'amenait à pardonner à mon père. J'avais dit, devant l'église avec cet ancien : « Je pardonne à mon père dans le nom de Jésus » et tant de douleurs avaient refait surface dans ma vie alors que j'essayais de prononcer ces mots. Mais maintenant, alors que j'étais en train de lire ces versets, le Seigneur m'a fait mesurer ce que m'avait coûté l'incapacité de mon père à se conduire comme le père dont j'avais besoin.

J'ai commencé à réaliser que si mon père avait pu juste me dire, au beau milieu d'une dispute : « Mon fils je ne veux pas me disputer avec toi, je t'aime. Tu es un bon garçon. Tu as un bon état d'esprit. Je t'apprécie. Tu es mon fils », cela aurait fait une grande différence. Mais il n'arrêtait pas de me provoquer encore et encore jusqu'à ce que je perde mon sang-froid.

Parfois, je regarde de vieilles photos de famille de l'époque où j'étais adolescent. Dans chacune d'elles, sans exception, je détourne mon visage de mon père. Quand je vois mon visage sur ces vieilles photos, j'ai envie de pleurer. J'étais un pauvre garçon brisé. Si mon père avait juste pu placer sa main sur mon épaule en passant à côté de moi, cela aurait changé ma vie. S'il avait pu me dire qu'il m'aimait. S'il s'était juste assis pour me dire : « Mon garçon, comment se passe ta journée ? » Mon père n'était pas un mauvais père mais il avait été très meurtri par la seconde guerre mondiale. S'il avait pu être un meilleur père ma vie aurait été meilleure. Mon père n'a jamais été violent physiquement mais ses paroles étaient toujours cruelles et cinglantes. J'ai commencé à ressentir ce que cela m'avait coûté que mon père ait été un tel homme. Et une très forte colère s'est manifestée en moi.

MON PÈRE NE POUVAIT PAS PAYER

Alors que Dieu me conduisait dans ce processus où je devais évaluer ce que cette relation m'avait coûté, il y a eu des moments où je voulais prendre l'avion et rentrer à la maison. Parfois, je me sentais tellement en colère que j'avais envie de donner un coup de poing à mon père. J'étais choqué par cette colère qui sommeillait dans les profondeurs de mon cœur. Je me sentais tellement brisé. Je commençais à réaliser ce que m'avait coûté l'incapacité de mon père à être le père dont j'avais besoin.

L'histoire de Matthieu 18, verset 25 dit : « *Comme il n'avait pas de quoi payer,* (comme l'homme qui avait volé les dix mille talents), *son maître ordonna de le vendre, lui, sa femme, et ses enfants et tout ce qu'il avait, afin d'être remboursé de cette dette ».* Je voulais que mon père soit puni. Le non-pardon veut que l'autre personne paie pour ce qu'elle a fait. Mais les mots qui m'ont frappé étaient les premiers mots de ce verset : « *Comme il n'avait pas de quoi rembourser* ». Cet homme avait volé une immense somme d'argent et il n'en restait rien. Il ne pouvait pas la rendre.

Les semaines ont passé et ces mots ont continué à me revenir : « *Comme il n'avait pas de quoi payer* ». Et le Seigneur a commencé à me rappeler ce que j'avais entendu au sujet de mon père. Les gens avec qui il avait fait la guerre, mes oncles et tantes. J'ai commencé à voir sa vie sous un autre jour. Je me suis rappelé la façon dont mes tantes (ses sœurs) parlaient de lui d'un ton railleur. Mon père avait dû quitter la maison à l'âge de 16 ans. On l'avait envoyé dans une ville très éloignée pour l'époque et on ne le laissait rentrer qu'une fois par an. Il vivait avec une dame âgée dans une maison proche de son travail, faisait un boulot qu'il détestait et n'avait rien qui l'intéressait là où il logeait. Lors de ses retours annuels, sa mère le saluait d'une poignée de mains et faisait de même lorsqu'il repartait. Il m'a raconté quelques années plus tard que la seule personne qui ne lui ait jamais dit « je t'aime » était ma mère.

Alors qu'il avait dix-sept ans, la seconde guerre mondiale a débuté. Il a rejoint l'armée territoriale et de suite il a été entraîné et envoyé combattre dans les îles du Pacifique. Puis il est allé en Égypte et a pris part à l'avancée des Alliés en Italie où il est resté jusqu'à la fin de la guerre. Il a raconté une fois comment il a vu son meilleur ami se faire tuer sous ses yeux par l'obus d'un char. Je me souviens l'avoir entendu dire : « On n'a même pas retrouvé un morceau de ses vêtements ». C'était un éclaireur pour l'artillerie lourde : il localisait les positions ennemies et appelait l'artillerie qui dirigeait les obus vers la cible qu'il indiquait. La plupart du temps ils ne voyaient pas les lieux sur lesquels ils faisaient feu sauf une fois quand ils ont traversé un village qui avait été anéanti. Il a vu des morceaux de corps de femmes et d'enfants dans les rues. Il n'y avait ni homme ni soldat ennemi là-bas – que des femmes et des enfants ! Mon père avait dix-neuf ans et c'est lui qui avait dirigé les bombes sur ce village.

J'y repense souvent et je me demande ce que j'aurais ressenti pour lui si j'avais été Dieu, ce jour-là, et que j'avais pu voir le cœur de mon père alors qu'ils traversaient ce village : Je pense que j'aurais ressenti de la colère pour ce qui s'était passé, de la tristesse pour lui en voyant ce qu'avaient fait ses mains et ce à quoi il avait pris part. Mon père est rentré de la guerre avec le besoin d'être aimé. Il s'est rapidement marié avec ma mère et en quelques années ils ont eu trois enfants. Il a commencé à boire autant d'alcool qu'il le pouvait parce qu'il ne pouvait pas supporter les émotions et les souvenirs qui le hantaient. Mon père en voulait au monde entier à cause de l'injustice de sa vie. Par conséquent, tout tournait à la dispute car il y avait une profonde insatisfaction au-dedans de lui. Il avait trois enfants qui avaient besoin d'un père pour les aimer. Mais il n'avait aucun amour à donner !

En lisant ces mots : « *il n'avait pas de quoi payer* », j'ai pris conscience que mon père n'avait plus en lui la capacité d'être un père. Il n'avait pas d'amour à donner. Il ne pouvait pas payer ce qu'il me devait.

Vous ne pouvez pas donner ce que vous n'avez pas

Voyez-vous, on ne peut pas donner ce qu'on n'a pas reçu et pourtant, parfois, on pense que les choses sont tellement simples : « Pourquoi est-ce qu'ils ne font pas ça ? C'est si simple ». Mais si on ne l'a pas reçu ce n'est pas si simple. Mon père n'avait jamais entendu personne lui dire : « Je t'aime ». Il n'avait jamais eu un père qui lui aurait mis la main sur son épaule pour lui dire : « Je suis fier de toi mon fils ». Tout ce qui remplissait son cœur était qu'il en voulait au monde entier. *Il n'avait pas de quoi rembourser.* Je commençais à voir mon père simplement comme un autre être vivant qui avait souffert, qui était imparfait et qui, comme moi, avait du mal à supporter ce que la vie lui avait fait endurer.

« Rempli de compassion, le maître de ce serviteur le laissa partir et lui remit la dette. » (v. 27)

Le maître a été *rempli de compassion.* Quand j'ai vu que mon père n'avait pas les moyens de me rembourser, pour la première fois de ma vie j'ai eu de la compassion pour lui. Je n'avais jamais envisagé les choses de son point de vue. Je pense que si j'avais pu avoir la perspective de Dieu sur toutes les choses qui se sont produites dans la vie de mon père, j'aurais eu une attitude bien différente envers lui.

LE VRAI VOLEUR

Notre âme a un ennemi. Cet ennemi vient pour voler, tuer et détruire. Mais il ne vient pas voler votre voiture. Il vient dérober votre âme. Il ne vient pas mettre en pièces votre télévision ou autre chose. Il vient détruire votre personnalité. Il vient tuer tout ce qui est bon en vous, tout ce qui est de Dieu, tout ce qui est gentil, agréable et doux. Il vient détruire tout ce qui porte la moindre marque de Dieu.

En tant que chrétiens nous avons un bouclier de foi pour détourner les traits enflammés de l'ennemi. J'ai réalisé que mon père n'avait jamais eu un bouclier et donc les traits enflammés de l'ennemi l'avaient atteint. Satan n'a aucun scrupule. Il ne se retient en aucune manière et ne met aucune limite au mal qu'il fait aux gens. Il va faire les choses les plus horribles aux petits enfants les plus purs et les plus innocents. Il s'était mis à attaquer mon père dès l'instant où il est né et même avant sa naissance. Chacun de ceux qui vous ont fait du mal, il les a attaqués aussi. Il a attaqué et détruit votre père, votre mère, d'une manière que vous ne comprendrez jamais. Il leur a volé leur capacité à être les personnes qu'ils rêvaient d'être, il les a empêchés d'être les parents dont vous aviez besoin.

J'ai donc commencé à comprendre un aspect de la vie de mon père et à réaliser qu'il n'était qu'un homme comme moi. Il se battait contre les problèmes de ce monde, il faisait de son mieux, il n'avait juste pas la capacité d'être la personne dont j'avais besoin. Pour la première fois de ma vie j'ai ressenti de la compassion pour lui. Pour la première fois de ma vie j'ai prié pour mon père. J'ai prié quelque chose de ce genre :

« Seigneur je veux que mon père soit béni. Je veux qu'il soit heureux et je ne veux plus qu'il porte cette culpabilité. Je ne veux plus qu'il manque d'amour. Je ne veux plus le voir seul. Je veux qu'il soit aimé. Je veux qu'il soit pardonné pour les choses qui hantent sa conscience et pour toutes les choses de la guerre qui l'ont perturbé. Je ne veux plus qu'il ait à porter cela en lui. Toutes ces choses qui l'ont poussé à tellement boire pour essayer d'étouffer son cœur. Seigneur je te demande de lui pardonner tout cela afin qu'il puisse le déposer, le laisser derrière lui et être libre. Seigneur peux-tu lui pardonner ses péchés, tout lui pardonner ? Je ne veux même plus qu'il se sente coupable d'avoir été un mauvais père pour moi car cela ne vient que s'ajouter aux autres problèmes de sa vie. Je veux qu'il soit libre de tout sentiment d'échec en tant qu'homme, père et mari. Je veux qu'il soit libre ! Seigneur, je veux qu'il soit béni. Seigneur je lui pardonne de tout mon cœur. Peux-tu lui pardonner ? »

Quand j'ai prié cette prière, j'ai pris conscience que je souhaitais réellement qu'il soit pardonné pour son bien. Il portait tellement de choses en lui et *je désirais qu'il soit libre.* Je peux vous dire ceci : avec ce genre de pardon, on *aime* pardonner. Lorsque j'ai dit : « *Seigneur je lui pardonne de tout mon cœur* », il y a quelque chose d'amusant et d'inattendu qui s'est produit.

Tout à coup, je me suis senti incroyablement vide. Dans mon cœur, je me suis senti si seul et si vulnérable. Je me suis senti comme un petit enfant sans aucune protection. Quand on ne pardonne pas du cœur on reste accroché à la personne qui nous doit la dette. Quand on les laisse *partir* on se retrouve vide.

J'ai pardonné à mon père et j'ai annulé la dette. Je l'ai libéré de toutes ses obligations en tant que père, d'être ce qu'il ne pourrait jamais être. J'ai arrêté d'attendre certaines choses de sa part parce que ce n'était qu'un poids de plus sur ses épaules. Je l'ai libéré de mon espoir qu'il se rattrape un jour. Tout à coup, je me suis senti vide et complètement seul, comme un petit garçon sans personne pour me protéger.

A ce moment, alors que j'étais touché par ce sentiment, j'ai eu une vision étrange. Dans la vision j'étais un professeur d'une classe d'environ trente enfants. Je criais à ces jeunes de douze ans : « Qui sera un père pour moi ? » Les enfants me regardaient, interloqués. Ce n'était que des enfants. Je hurlais à nouveau : « Qui sera un père pour moi ? », mais bien sûr ils ne savaient pas quoi dire. Puis juste derrière eux, dans le fond de la classe, j'ai remarqué une main qui se levait. Alors que mon regard passait au-dessus des têtes, notre Père céleste était assis sur le sol dans le fond de la classe, adossé contre le mur. Et il a dit : « James, moi je serai un père pour toi ».

Le pardon du cœur, c'est quand votre cœur relâche la personne, la libère et la laisse partir. Quand votre cœur est connecté à quelqu'un dans le non-pardon, il n'est pas libre d'être connecté à notre Père céleste. Dieu veut nous connaître cœur à cœur comme un père. Quand nous libérons notre mère ou notre père du fond de nos cœurs, alors nos cœurs sont libres d'être connectés à notre Père céleste qui dit : « ...'*Je vous accueillerai. Je serai pour vous un père et vous serez pour moi des fils et des filles' dit le Seigneur tout-puissant.* » (2 Corinthiens 6:17-18). Vous avez un Père céleste qui veut vous connaître profondément, de façon intime. Vous êtes peut-être toujours liés à vos parents par le non-pardon. Il est temps de pardonner de votre cœur et de les laisser partir.

CHAPITRE 4

Le cœur de fils

~

J'aimerais maintenant terminer de vous raconter ce qui s'est passé dans la chapelle ce matin-là. Cela a eu une influence majeure pour m'amener à expérimenter l'amour du Père.

Quand le Seigneur m'a posé cette question bouleversante : « James, de qui es-tu le fils ? », c'était une forme de communication incroyable. Je savais qu'il demandait : « Pour qui as-tu été un fils, comme Jésus est un fils pour moi ? » Cette question impliquait tant de choses que je suis resté debout un moment, essayant de trouver une réponse. J'étais médusé par la question que me posait le Seigneur et j'essayais de trouver comment y répondre. Il y avait deux problèmes qui tournaient en rond dans ma tête, comme deux disques entraînés dans une course folle dans deux directions opposées : je passais au crible toutes mes pensées pour trouver la réponse aux deux problèmes. Qu'allais-je dire ? Ce fut un moment très intense et je savais que le Seigneur était capable de voir et il regardait le fonctionnement intérieur de mon cœur, de mon esprit et de mes sentiments. Comme un projecteur il était en train d'examiner mon être intérieur pour voir mes réactions à sa question.

La première chose qui m'est venue à l'esprit suite à cette question : « James, de qui es-tu le fils ? » était de donner un nom, et le premier nom qui m'a traversé l'esprit a été celui de mon père. J'ai pensé que je pouvais tout simplement dire au Seigneur : « Je suis le fils de Bruce Jordan », mais dès que cette pensée m'est venue j'ai réalisé que j'étais incapable de dire cela au Seigneur car j'avais cessé d'être un fils envers mon père depuis bien longtemps. Bien sûr j'étais son fils biologique, mais je n'étais pas un fils pour lui comme Jésus l'avait été envers son père. Alors j'ai dû chasser cela de ma pensée et vite trouver une autre réponse.

L'autre personne qui m'est venue à l'esprit était un des anciens de l'église dans laquelle nous avons découvert le salut. C'était un homme remarquable. Il s'appelait Ken Wright. Cela faisait des années qu'il marchait par l'Esprit. C'était aussi lui qui m'avait baptisé. Je me souviens avoir vu son itinéraire une fois pour un voyage pour le ministère de deux ans à travers le monde. Il n'allait jamais passer plus de quatre jours au même endroit et il avait visité plus de cent pays différents. Quand il parlait, nous buvions ses paroles et l'Esprit en lui venait couler en nous. Nous étions très impressionnés par lui et il avait comme un cœur de père envers nous.

Alors quand le Seigneur m'a posé la question : « James, de qui es-tu le fils ? », j'ai tout de suite pensé que je pouvais dire que j'étais le fils de Ken Wright. Mais, une fois encore, au moment où je voulais le dire je n'y suis pas arrivé parce que (même si j'avais reçu de Ken tout ce que je pouvais recevoir) je n'avais pas du tout un cœur de fils envers lui. Jésus a dit à son Père : « Je prends plaisir à faire Ta volonté » mais je n'avais jamais désiré plaire à Ken. Je prenais tout ce qu'il donnait pour mon plaisir. Alors j'ai réalisé : « Je ne peux pas non plus dire cela au Seigneur. Qu'est-ce que je peux dire d'autre ? Je ne peux pas dire Bruce Jordan. Je ne peux pas dire Ken Wright, alors pour qui puis-je dire que j'ai été un fils ? »

Le seul autre homme auquel je pensais était Neville Winger. On l'appelait : « Tonton Nev ». Tonton Nev possédait une entreprise de vente de voiture en Nouvelle-Zélande et il avait tout vendu pour acheter une ferme sur une île au large des côtes de la Nouvelle-Zélande. C'était une vieille ferme délabrée au milieu de 320 hectares de collines entourés d'un littoral magnifique mais accidenté. Il y avait emménagé avec sa femme Dot et, pendant de nombreuses années, ils avaient accueilli chez eux de jeunes enfants des rues à problèmes. Nev et Dot avaient un cœur énorme pour les jeunes et ils voulaient les accueillir chez eux pour essayer de travailler avec eux. Il a donc cherché un lieu où il pourrait les accueillir après les avoir sortis de la rue. Il voulait aussi un centre de conférence et de réveil pour la Nouvelle-Zélande alors il a acheté cette ferme dans le but de réaliser sa vision.

Nev était un homme extraordinaire, un vrai père spirituel dans la nation. Quand il enseignait je me connectais vraiment à lui et je pensais que j'irais dans l'école biblique qu'il avait démarrée ; ce que nous avons fait. D'une certaine manière Nev, comme Ken, avait un cœur de père envers nous. Il a prophétisé abondamment sur nous et des années plus tard c'était toujours pertinent.

Alors j'ai pensé dire au Seigneur : « Je suis le fils de Nev Winger », mais une fois encore, sous la lumière de Dieu, je réalisais que je ne pouvais pas le dire. La vérité est que je n'avais pas été un fils envers lui dans mon cœur. J'avais pris mais je n'avais rien donné. Un vrai fils, comme Jésus l'a été, est toujours impliqué dans les affaires de son Père. Je ne m'étais jamais impliqué dans les affaires de mon père *ou* dans celles de Ken Wright *ou encore* celles de Nev Winger. Je n'avais jamais envisagé comment être une bénédiction ou une aide pour ces hommes. J'avais un cœur complètement orphelin. Je me tortillais et luttais alors que j'aurais tout simplement pu dire : « Seigneur je ne suis le fils de personne et *je ne veux* être le fils de personne ». Je refusais d'admettre cela car il se passait autre chose. Quand j'avais fermé mon cœur à mon père j'avais complètement perdu le cœur de fils.

L'Esprit de fils

Qu'est-ce qui est au cœur de la filiation, du fait « d'être un fils » ? Pour le comprendre commençons avec Galates 4:4-5 qui dit :

« *Mais, lorsque le moment est vraiment venu, Dieu a envoyé son Fils, né d'une femme, né sous la loi, pour racheter ceux qui étaient sous la loi afin que nous recevions le statut d'enfants adoptifs.* »

Lorsque nous sommes nés de nouveau nous sommes devenus fils et filles de Dieu par adoption. Dieu, cependant, va au-delà de l'adoption. L'adoption est juste la première étape. Paul poursuit :

« *Et parce que vous êtes ses fils, Dieu a envoyé dans nos cœurs l'Esprit de son Fils qui crie : Abba ! Père !* » *(Galates 4:6)*

Puisque vous êtes un fils de Dieu juridiquement, il a déversé l'Esprit de son Fils. Il a mis cet esprit dans nos cœurs, l'Esprit qui crie : « *Abba, Père !* » Un fils adopté ne crie pas : « *Abba, Père !* » Nos cœurs humains ne crient pas : « *Abba, Père !* » C'est l'Esprit du Fils en nous qui crie « *Abba, Père !* »

L'Esprit de son Fils est déversé dans nos cœurs. Quand j'ai fermé mon cœur à mon père j'ai perdu le cœur d'un fils. Quand le Saint-Esprit a été déversé sur moi il n'a rien trouvé dans mon cœur qui correspondait au cœur d'un fils. Parce que j'avais fermé mon cœur en tant que fils, le Saint-Esprit ne pouvait pas produire une attitude de fils en moi. C'est un point vital que le Seigneur m'a montré quand il m'a posé cette question. Il cherchait un cœur ouvert pour être fils.

Jésus en a fait l'expérience quand le Saint-Esprit est descendu sur lui lors de son baptême. Quand Dieu a déclaré : « Celui-ci est *mon Fils bien-aimé, qui a toute mon approbation.* », l'Esprit de fils est descendu sur lui. Dès cet instant Jésus était proclamé au monde entier comme étant le Fils de Dieu ! Avant cela il était Jésus de Nazareth le fils de Joseph et de Marie, mais désormais on proclamait qu'il était le Fils de Dieu. Le Saint-Esprit qui est descendu sur Jésus est le même Esprit qui crée la qualité de fils en nous.

De nombreux chrétiens pensent qu'ils connaissent le Saint-Esprit comme étant l'Esprit d'adoption mais ils doivent encore l'expérimenter comme Esprit de filiation. Par conséquent ils peuvent être remplis du Saint-Esprit mais ne pas vivre du tout une vie de fils. Quand l'Esprit est déversé dans le cœur d'une personne qui n'a pas un cœur de fils envers ses propres parents, le Saint-Esprit ne peut agir en cette personne en tant que l'Esprit d'un fils. *L'Esprit de Dieu doit trouver en vous une harmonie correspondante pour que cela devienne réalité dans votre vie.*

Quand j'ai fermé mon cœur à mon père, je n'ai plus eu un cœur de fils. Quand j'ai fermé mon cœur à mon père je n'avais plus un cœur de fils envers aucune figure paternelle... y compris Dieu.

EN RELATION AVEC UN PÈRE

C'était mon gros problème. Il y a eu beaucoup de personnes qui sont entrées dans ma vie avec un cœur de père envers moi mais je n'avais aucun moyen d'établir un tel rapport avec elles. Je n'avais pas réalisé que si l'on n'a pas le cœur d'un fils envers son père et sa mère naturels, alors on n'a pas de cœur de fils du tout et donc on ne peut pas avoir de connexion avec un père *y compris* Dieu le Père ! Faire de Jésus son Seigneur est un prérequis pour avoir une relation avec lui. De la même manière il est crucial d'avoir un cœur de fils ou de fille pour avoir une relation avec Dieu le Père.

Si vous souhaitez connaître Dieu le Père, il n'y a qu'un seul chemin pour cela. Il ne va pas se faire connaitre à vous autrement que comme Père. Beaucoup d'entre nous sont devenus des pères à un moment de leur vie, mais Dieu n'est jamais *devenu* Père. Il a *toujours* été Père et il sera toujours Père. Il a créé l'univers, mais il n'est pas un créateur par nature. Créer c'est ce qu'il fait mais pas qui il est dans sa nature fondamentale. Si par exemple votre père est ingénieur votre relation ne dépend pas de sa fonction mais plutôt de son identité dans la relation. Dieu a créé l'univers mais il n'a pas une relation de créateur avec vous. Il a une relation de Père envers vous car c'est qui il est. Être Père est l'essence même de son être. Jésus est venu révéler que Yahvé est Papa, que Yahvé est Père.

Je crois que nous sommes plus de quatre-vingt-dix pourcents dans le monde occidental à avoir fermé notre cœur à nos parents. Nous avons usé de mots sophistiqués pour le décrire, mais en réalité l'expérience vécue par beaucoup de gens c'est que cette relation d'intimité leur est étrangère.

Lorsque je me trouvais dans cette chapelle et que le Seigneur m'a demandé : « James, de qui es-tu le fils ? », ce dont il voulait parler c'était de l'état de mon cœur. J'étais sans réponse. J'aurais dû dire : « Seigneur je ne suis le fils de personne ». Mais je n'arrivais pas à le dire. Je vais vous en expliquer la raison.

TOUS LES HOMMES DE DIEU SONT LES FILS DE QUELQU'UN

Dès que j'ai été chrétien j'ai voulu être un homme de Dieu, tout comme les prédicateurs ayant une onction spéciale. Je n'arrêtais pas de prier : « Seigneur fait de moi un homme de Dieu ». Ce jour-là, quand j'étais dans la chapelle et que j'essayais de trouver un nom que je pouvais donner au Seigneur, d'autres raisonnements tournaient dans ma tête. Cela concernait un de mes sujets préférés de l'époque. À l'école biblique j'avais fait un projet de recherche important sur la chronologie de l'Ancien Testament. Alors que j'étudiais les personnages célèbres de l'Ancien Testament, une chose m'irritait constamment. On décrivait presque tous ces personnages comme les « fils de... ». Josué était le fils de Nun, Caleb était le fils de Jephunné, David le fils de Jessé. Chaque personne dont je lisais l'histoire était décrite comme étant le fils d'un autre.

Cela m'agaçait vraiment. Pourquoi pas David le poète, le roi-guerrier ? Pourquoi pas Esaïe le grand prophète ? Ou Caleb l'homme de foi ? J'étais tellement indépendant que je me disais : « Pourquoi ces gars ne peuvent-ils pas se débrouiller seuls ? Pourquoi ne peuvent-ils pas être de vrais hommes ? Pourquoi ont-ils besoin d'un papa pour les soutenir ? » Cela révélait l'état réel de mon cœur vis-à-vis de mon père.

Ce jour-là dans la chapelle j'ai senti que Dieu me disait : « James je t'ai entendu me demander que je fasse de toi un homme de Dieu ? Tu veux être un homme de Dieu ? C'est bien ça ? Eh bien *chacun de mes hommes* est le fils de quelqu'un. Alors si tu veux être un homme de Dieu, James, de qui es-tu le fils ? »

JÉSUS ÉTAIT LE FILS D'UN HOMME IMPARFAIT

Je connaissais le mal que les pères pouvaient causer. Ces héros bibliques ne savaient-ils pas le mal que les pères causent ? Il faut être fou pour vouloir être le fils de quelqu'un ! Je savais que Jésus était le Fils de Dieu mais je pouvais le lui pardonner car son Père est parfait. Les pères parfaits ne sont pas le problème, ce sont les pères imparfaits qui posent problème ! Puis je me suis rendu compte qu'on connaissait éternellement Jésus comme Fils de David. En fait son ministère est basé sur la royauté de David et David n'était pas un homme parfait !

De nombreuses églises aujourd'hui empêcheraient David de servir ou d'avoir une position d'autorité dans l'église sur la base de ses erreurs. Mais Jésus était satisfait d'être connu comme le fils d'un homme imparfait ! Cela a été un défi pour moi ! Si Jésus est capable d'être le fils d'un homme imparfait, alors ma perspective ne doit pas être juste. Je ne voulais pas être le fils d'un homme imparfait mais Jésus était heureux d'être connu comme le fils d'un homme imparfait. Je ne pouvais échapper à cette réalité. J'étais coincé !

Je ne le savais pas à l'époque mais cette journée allait déterminer le reste de ma vie. Il me fallait être honnête et reconnaître : « Seigneur je ne suis le fils de *personne*. Et en plus, je ne veux pas l'être. Cela m'effraie. Veux-tu bien m'aider ? » Quand j'ai dit : « Veux-tu bien m'aider ? » sa présence a immédiatement quitté la pièce et je me suis retrouvé tout seul dans la chapelle. J'avais le sentiment que le Seigneur était parti pour commencer à travailler sur mon problème.

TROUVER LE CŒUR DE FILS

Suite à cette rencontre le Seigneur a commencé à travailler en moi pour restaurer le cœur de fils. La première chose, comme je l'ai écrit dans le chapitre précédent, était de pouvoir pardonner à mon papa avec mon cœur. Lorsque je suis arrivé à ce point mon cœur a été libéré, mais j'ai commencé à me demander comment le cœur de fils pouvait être restauré en moi.

Je n'avais pas de réponse à cela. Je réfléchissais, je priais beaucoup, mais rien ne semblait changer. Comment avoir à nouveau un cœur de fils quand on l'a perdu ? Eh bien, quand on perd quelque chose où est-ce qu'on va le retrouver ? On le retrouve là où on l'a perdu, pas vrai ? Si on peut retourner là où on l'a perdu, on l'y retrouvera. C'est aussi simple que cela.

Donc, j'avais perdu le cœur de fils dans ma relation avec mon père. C'est à ce moment-là que je l'avais fermé. Alors pour avoir à nouveau un cœur de fils, je pensais qu'il y avait quelque chose à faire avec mon père, mais je ne savais pas de quoi il s'agissait précisément. Je ne trouvais aucun moyen de retrouver mon cœur de fils. Après un moment j'ai réalisé qu'il y avait une chose que je pouvais faire. J'avais pardonné à mon père pour toutes les choses qu'il avait faites ou non, cependant j'ai réalisé que moi aussi je ne l'avais pas bien traité. Je lui avais fermé mon cœur. J'aurais pu être plus reconnaissant et l'honorer. J'avais choisi de le faire sortir de mon cœur. Alors il m'est venu à l'esprit que je pourrais lui écrire une lettre pour lui demander pardon pour tout cela.

Quand j'étais enfant, à la maison, une de mes tâches consistait à tondre la pelouse derrière la maison. Je ne l'ai jamais fait sans que mon père ne me mette la pression. Je ne l'ai jamais fait de mon plein gré, jamais correctement. J'essayais d'éviter les coins et j'ignorais les endroits qui avaient besoin d'être tondus. J'évitais aussi ma responsabilité en repartant aussitôt après être rentré de l'école et je restais dehors jusqu'à la tombée de la nuit afin de n'avoir plus le temps de tondre la pelouse. J'étais content quand il pleuvait car cela me donnait une bonne excuse. Quand il ne pleuvait pas je descendais dans la crique nager et pêcher des anguilles. Puis mon père me mettait la pression, me menaçait, par exemple de ne pas me laisser jouer, de sorte que je finissais par m'exécuter à contre cœur. Je ne l'ai jamais fait volontairement. J'ai pensé que je pouvais lui demander pardon pour cela et pour d'autres choses.

Cependant il y avait un gros problème : dans notre maison personne n'avait jamais demandé pardon car c'était vu comme un signe de faiblesse. Personne ne demandait jamais pardon et personne ne disait jamais : « Je t'aime ». C'était considéré comme des signes de faiblesse alors je craignais qu'en demandant pardon à mon père il utilise cela pour faire pression contre moi lors de la dispute suivante.

La lettre

J'ai décidé de rédiger un brouillon de lettre pour voir de quoi cela aurait l'air, mais je ne pensais pas pouvoir aller jusqu'à l'envoyer. Finalement j'ai réussi à écrire ce que je voulais vraiment exprimer. J'ai demandé pardon pour n'avoir jamais tondu la pelouse comme il le voulait. Pardon pour ne pas avoir eu une bonne attitude envers lui. Pardon pour les disputes. Pardon pour les choses que je lui avais dites. Pardon pour ne jamais avoir accompli mes tâches comme il l'aurait voulu. À la fin de la lettre, j'ai écrit : « Je te demande pardon pour t'avoir fermé mon cœur quand j'avais dix ans et pour ne pas avoir été un fils pour toi ». Puis j'ai posé la lettre sur l'étagère où elle est restée deux semaines jusqu'à ce que j'en parle à Jack Winter qui m'a répondu : « Eh bien tu ferais bien de la poster ! » avant de tourner les talons !

Maintenant j'étais sous pression. J'ai acheté une enveloppe et un timbre, j'ai écrit l'adresse, j'ai mis la lettre dans l'enveloppe et je l'ai remise sur l'étagère où elle est encore restée un mois. Je savais qu'au moment où je l'avais écrite elle disait ce que je voulais mais je ne désirais pas la relire car j'avais peur de flancher. Mais au final je savais qu'il me fallait l'envoyer. Je savais que Jack me demanderait un jour si j'avais envoyé la lettre et que je voudrais dire oui ; j'ai donc décidé d'emmener la lettre « pour une promenade ». Je me suis rassuré en me disant que je ne l'enverrais pas vraiment. J'allais juste me promener du côté de la boîte aux lettres.

Au bord de la route où nous vivions se trouvait une boîte aux lettres rouge. Je m'en suis approché et j'ai glissé la lettre dans la fente, pensant : « Si je la lâche il la recevra ». Je l'ai vite retirée et je suis retourné sur la route. J'ai continué à marcher sur une trentaine de mètres, mais je savais que je devais l'envoyer. J'y suis retourné, je l'ai remise dans la fente et je l'ai lâchée ! J'ai tout de suite eu l'impression d'avoir reçu un coup de poing dans l'estomac. J'ai pleuré pendant tout le trajet du retour jusqu'à notre domicile, je suis monté directement dans notre chambre, je me suis étendu sur le lit et j'ai pleuré. Je craignais la réaction de mon père quand il recevrait la lettre.

Après cela nous nous sommes rendus dans le nord du Minnesota jusqu'à un camping que le ministère de Jack Winter avait acheté. En route vers ce nouveau centre de ministère j'ai dit à Denise : « Lorsque nous arriverons là-bas je voudrais vraiment être un fils pour les leaders ». Avant je n'avais jamais pensé comme cela et j'étais surpris par les paroles qui sortaient de ma bouche ! C'était le tout premier signe de changement. C'est pendant notre temps là-bas que Jack Winter a enseigné à nouveau sur l'amour du Père. Je l'avais entendu enseigner sur ce sujet bien souvent sans jamais le comprendre. Je m'agenouillais près de lui pendant qu'il priait pour que les gens expérimentent l'amour du Père. Je les voyais fondre en larme alors que les blessures de leur vie étaient guéries et je sentais l'onction mais sans comprendre ce qui se passait.

UNE TRANSMISSION DE L'AMOUR DU PÈRE

Après avoir écouté Jack prêcher sur l'amour du Père, cette fois-ci je lui ai dit : « Jack je comprends enfin ce dont tu parles, est-ce que tu veux bien prier pour moi ? » Il attendait cette occasion de prier pour moi et il a donc accepté. Il m'a emmené dans une petite pièce à l'arrière du centre de ministère et je me suis assis sur la seule chaise de la pièce. Jack s'est agenouillé à côté de moi, m'a regardé droit dans les yeux et m'a demandé : « Est-ce que tu peux être comme un petit garçon qui a besoin d'être aimé ? » Je me suis dit : « Mais j'ai vingt-neuf ans ! Je ne suis plus un petit garçon ! », mais en regardant Jack dans les yeux je savais qu'il me voyait tel que j'étais réellement. Au dehors j'étais en forme, fort, et capable, mais à l'intérieur j'étais un petit garçon qui avait besoin d'être aimé parce qu'il n'avait jamais connu l'amour d'un père.

La vérité est que si vous n'avez jamais connu l'amour d'un père, alors vous avez toujours besoin de cet amour aujourd'hui. Je lui ai donc répondu : « Je ne sais pas Jack, mais je peux essayer ! » Il m'a demandé de placer mes bras autour de son cou comme un petit garçon qui a besoin de l'étreinte de son père. De toute ma vie, je n'avais jamais serré d'homme dans mes bras mais j'ai placé mes bras autour de son cou. Ça me semblait très bizarre et je voulais y échapper et partir de là. Mais il a rapidement mis ses bras autour de moi et m'a serré très fort. Il me montrait clairement que je ne sortirais pas de là tant qu'il n'aurait pas fini ! Il a alors prononcé une prière toute simple : « Père veux-tu bien venir maintenant et que mes bras soient tes bras autour de ce jeune homme ». À ce moment-là ce n'était plus Jack qui me tenait, j'étais étreint par Dieu. Il a continué : « Veux-tu bien déverser ton amour dans son cœur car il n'a jamais connu un père comme toi ». Après deux ou trois minutes tout était terminé et il s'est relevé.

Dès cet instant tout a semblé différent. Chaque fois que je commençais à prier, le mot « Père » sortait spontanément de ma bouche. J'avais l'impression que mon esprit avait touché le Père. En réalité c'est le Père qui avait touché mon esprit. Quelques mois plus tard nous avons repris l'avion vers la Nouvelle-Zélande. Nous sommes allés vivre chez la mère de Denise à Taupo, où nous vivons maintenant. Nous y sommes restés deux semaines mais je ne voulais pas rendre visite à mes parents car je craignais de découvrir la réaction de mon père concernant cette lettre. Quelques semaines plus tard j'ai fini par dire à Denise : « On doit vraiment y aller. Alors finissons-en au plus vite ! » Nous sommes montés en voiture, nous avons roulé et passé l'après-midi avec mes parents avant de rentrer à Taupo. Mon père n'a jamais mentionné la lettre.

Nous leur avons à nouveau rendu visite quelques mois plus tard, mais une fois encore il n'en a pas parlé. Puis une autre visite quelques mois après et une fois encore il n'en a pas parlé. Cinq années ont passé. J'avais maintenant trente-cinq ans et mon père n'avait toujours pas mentionné la lettre alors j'ai commencé à me demander s'il l'avait même reçue. Puis un jour, j'ai demandé à ma mère : « Quand nous étions aux États-Unis, il y a quelques années j'ai écrit une lettre à papa. Est-ce que tu sais s'il l'a reçue ? » Ma mère a répondu : « Oh oui ! Il l'a reçue. D'ailleurs il l'a toujours. Il la garde dans un tiroir à côté de son lit ! » A ses mots, j'ai compris que ma lettre était précieuse pour mon père. Elle était trop précieuse pour prendre le risque d'une dispute. Mon père aurait été incapable de dire : « Je te pardonne mon garçon » ou bien « je t'aime » ou autre chose de ce genre. Il n'a jamais rien dit de ce genre mais j'ai réalisé que c'était précieux pour lui et je suis parti du principe qu'il m'avait pardonné. Les années ont passé et un jour j'ai décidé de dire à mon père que je l'aimais.

Je ne ressentais pas d'amour pour mon père dans mon cœur, mais je pensais que si j'activais ma volonté pour le lui dire alors Dieu honorerait cela en me donnant des sentiments d'amour. Comme les bâtisseurs qui font couler le ciment dans une structure en bois qu'ils ont établi ma déclaration d'amour serait la structure qui permettrait à Dieu d'y verser quelque chose. Je prononcerais les mots : « je t'aime » en croyant que Dieu me donnerait des sentiments d'amour pour mon père. En vérité j'aurais préféré gravir l'Everest. C'était une chose énorme à faire. Mais dans toutes les disputes que j'avais eues avec mon père, il m'avait appris une chose : dire ce qui peut être difficile à entendre pour l'autre. En fait c'était très facile à faire pour moi à l'époque. J'ai donc pris la décision de lui dire que je l'aimais.

« JE T'AIME, PAPA ! »

Lors de notre visite suivante, j'ai cherché une opportunité de lui parler. J'espérais qu'il irait dans la cuisine, que je l'y suivrais, que je me remplirais un verre d'eau et que je lui dirais : « Au fait papa, je t'aime ! » avant de regagner le salon. Mais il n'est jamais allé dans la cuisine et je n'ai jamais pu le voir en tête à tête. Pour finir le temps de rentrer est venu et j'ai pensé avoir manqué mon occasion. Mon père avait une habitude particulière : chaque fois qu'on lui rendait visite il se tenait toujours dans la cuisine qu'il fallait traverser pour sortir de la maison. Il s'adossait contre le réfrigérateur et serrait les mains des personnes qui sortaient. Mon père ne m'a pas appris grand-chose au cours de ma vie, mais à quatre ans il m'a appris comment serrer la main à quelqu'un. Je me souviens encore mot pour mot et en détail de ce qu'il a dit : « Quand tu serres la main d'un homme : bien ferme ! Pas de façon molle ! Tu secoues deux ou trois fois puis tu lâches. Ne touche pas un homme trop longtemps ! »

Nous avons donc quitté la maison et j'ai serré la main de mon père, la secouant deux ou trois fois fermement avant de lâcher, puis j'ai franchi le seuil de la porte. Il a serré la main des autres et nous sommes partis. Alors que j'arrivais dehors, au coin de la maison je me suis dit : « Il faut que je le fasse maintenant ! » J'ai plongé mon regard au-delà de ma famille vers mon père et ma mère, et je leur ai lancé : « Au revoir maman et papa. Je t'aime papa ! », puis j'ai marché rapidement pour tourner au coin. Denise et les enfants m'ont talonné rapidement jusqu'à la voiture et nous avons redémarré ! N'entendant ni cri ni objet être brisé j'ai poursuivi mon chemin.

Au cours de la visite *suivante* j'ai pensé que je referais la même chose. Je lui redirais « Je t'aime ». Cette fois pendant que je lui serrais la main vers le réfrigérateur, j'ai fait comme avant, secouer deux ou trois fois, fermement, mais je ne l'ai pas lâché et il m'a regardé. Je l'ai regardé droit dans les yeux et je lui ai dit : « Je t'aime papa », puis j'ai lâché sa main et je suis sorti. J'ai jeté un œil en direction de la maison où mon père se tenait toujours, les yeux fixés sur sa main. De toute sa vie mon père n'avait jamais entendu ces mots prononcés pour lui, encore moins par un homme. Ma mère le lui avait dit autrefois quand ils venaient de se marier, puis elle avait arrêté. Sentant mon courage grandir j'ai décidé que je referais la même chose lors de la visite suivante.

Alors que nous partions il m'a tendu sa main, un peu hésitant ! Mais cette fois-là, au lieu de la saisir j'ai placé mon bras sous le sien et je l'ai serré contre moi pour la première fois de ma vie en lui murmurant à l'oreille : « Je t'aime papa ! » Il a hoché la tête imperceptiblement mais pour moi c'était comme étreindre un arbre. Chacun de ses muscles était rigidifié. Après cela j'ai décidé que je saisirais l'occasion de lui dire : « Je t'aime papa », à chacune de nos visites.

Trois ans plus tard, un soir, mon père m'a téléphoné. D'habitude c'était ma mère qui passait les coups de fil et c'était la deuxième fois de ma vie que mon père m'appelait. Il m'a dit : « Il y a un match de rugby dans la ville à côté de chez toi auquel je vais assister. Je me demandais si je pouvais passer et dormir chez toi ? » Puis il a ajouté : « J'aurais quelque chose à te dire ». Mon père n'avait jamais dormi chez nous jusque-là. Il n'était passé qu'une ou deux fois alors que cela faisait dix-huit ans que nous étions mariés. Il est venu après le match et Denise lui a préparé un bon petit dîner. Nous avons dîné ensemble et il a dit : « Il y a quelque chose dont j'aimerais te parler » Denise est donc allée s'affairer à l'autre bout de la maison et nous a laissés seuls.

Nous avons passé la soirée assis là et il n'arrivait pas à le dire. Il ramenait le sujet encore et encore, disant : « Je suis venu parce que je voulais te dire quelque chose. J'ai envie de te le dire ». Au milieu de tout cela il me regardait comme s'il avait une envie désespérée de dire ces mots sans y arriver. Alors il recommençait à parler de rugby ou d'autre chose. C'est à ce moment qu'il m'a dit : « On ne m'avait jamais dit cela, à part ta mère... » Il a ajouté : « J'ai cru comprendre que les hommes ne se disaient jamais cela ». Puis il m'a dit : « Pendant la guerre on ne devenait ami avec personne parce que quand ils mouraient on ne pouvait plus faire son travail ». Tout cela est sorti alors qu'il était assis à côté de moi.

Moi je suis le plus jeune de ma famille. Mon frère est chercheur et mes parents ont fièrement assisté à toutes ses cérémonies de remise de diplômes. C'était la première personne de la famille à aller à l'université, probablement depuis la génération d'Adam dans le jardin ! Ma sœur a travaillé pour la télévision et mes parents regardaient le générique à la fin des émissions tous les jeudis pour voir son nom s'afficher. Ils étaient très fiers d'elle. De ma famille j'étais celui qui avait le plus grand potentiel à l'école, mais tout ce que je voulais faire c'était chasser le cerf et vivre comme un ermite dans les collines. Je n'ai rien fait de ce que mes parents auraient voulu pour moi et mon père n'était pas fier de moi. Il sentait que je l'avais laissé tomber. Lorsque je suis devenu chrétien, c'est devenu encore pire. C'était un sujet de dispute entre nous. Ce soir-là cependant, alors qu'il restait dormir chez nous après le match de rugby, il m'a dit : « Il y a autre chose que j'aimerais te dire ».

Il est devenu très sérieux. C'était très difficile de parler de cela mais il m'a dit : « Il va arriver un jour où il ne restera plus que ta mère ou moi... », et il s'est arrêté là. Il m'a regardé comme pour dire : « S'il te plait comprends ce que je veux te dire, ne m'oblige pas à tout dire ». J'étais choqué qu'il me le demande. J'étais son plus jeune fils et aussi celui qui n'avait pas pu répondre à ses attentes. Tout ce que j'ai pu lui dire c'est : « Papa si un jour tu dois te retrouver seul tu pourras venir vivre chez nous ! » Ses épaules se sont détendues comme si un poids avait été enlevé de son cœur, mais il ne disait toujours pas ce pour quoi il était venu.

Les heures ont passé : il était presque minuit quand il est revenu sur le sujet : « Je suis venu parce que je voulais te dire ceci ». Il s'en est rapproché, mais il n'arrivait pas à le dire. Enfin il a dit : « Je voudrais que tu saches », en me regardant d'un air implorant « aide-moi à le dire ! » Je ne pouvais rien faire pour l'aider. Tout ce que je pouvais faire c'est rester assis et attendre jusqu'à ce qu'enfin... Il ne l'a jamais dit, mais s'en est approché. Il a lâché les mots : « Je voudrais que tu saches que ta mère et moi vous aimons, tous nos enfants ». J'ai répondu : « Je t'aime aussi, papa » et il a hoché la tête comme pour admettre ce qu'il voulait vraiment dire.

Je t'aime mon fils !

Les années ont passé et mon père a fini par dire un jour les mots : « Je t'aime mon fils ». C'était en 2001 et cela faisait six ou sept ans qu'il était à l'hôpital. Le diabète lui avait coûté sa jambe droite et sa vue était fort diminuée. Il ne pouvait plus regarder la télévision. Tout ce qu'il pouvait distinguer c'était la lumière de la fenêtre et à l'extérieur de la fenêtre, il n'y avait rien d'intéressant. Il avait eu plusieurs AVC mineurs et perdu toute sa mémoire à court terme alors que sa mémoire à long terme demeurait intacte. Je suis allé le voir car nous allions partir pour un long voyage missionnaire en Europe et, pour la première fois de ma vie, j'ai pu avoir une conversation avec lui sans dispute. Toute envie de dispute l'avait quitté.

Je lui ai raconté comment je m'étais senti, enfant, lors de toutes ces disputes que nous avions. Il m'écoutait simplement, me comprenant, sans aucune velléité de dispute. Pendant que nous parlions il a répété trois fois : « Je suis tellement désolé ». Mon père ne s'était jamais excusé auprès de qui que ce soit. Et à trois reprises ce jour-là il m'avait dit : « Je t'aime mon fils ! » Et comme j'étais sur le point de franchir le seuil de la porte : « Tu sais, je t'ai toujours aimé ».

Je me souviens être passé chez ma maman, après l'avoir laissé à hôpital et lui avoir raconté ce dont on avait parlé et ce que papa avait dit et elle a commenté : « Autrefois, quand tu claquais la porte et que tu sortais dans la nuit, tu sais ce que ton père faisait ? Il allait s'enfermer dans la chambre. Il ne me laissait pas entrer parce qu'il pleurait ».

Un peu plus tard, nous étions en Angleterre et terminions ce qui avait été un programme épuisant de réunions. C'était la dernière réunion et nous étions en train de prier pour les dernières personnes. Un des hommes de l'église est venu me voir et il m'a dit : « James il y a un appel de la Nouvelle-Zélande pour toi. C'est ton frère ». Je savais de quoi il s'agissait, bien sûr. Je m'étais demandé ce que je ferais si mon père décédait pendant que j'étais à l'étranger. Devrais-je annuler les conférences ? Rentrer ? Est-ce que c'était important ? Qu'est-ce que je devais faire ?

Je suis allé parler avec mon frère et il m'a dit que papa était décédé une demi-heure plus tôt et qu'il avait insisté pour que je rentre pour partager un message lors de ses funérailles. Je suis reparti en Nouvelle-Zélande pendant que Denise restait en Angleterre. Les funérailles ont eu lieu le lendemain de mon retour et j'ai exprimé ma surprise à l'idée que papa souhaite que j'intervienne lors de ses funérailles. Il avait toujours argumenté avec moi et m'avait donné l'impression d'être fortement opposé au christianisme.

Je me souviens que j'étais debout sur le devant pour parler lors des funérailles. Il y avait tout une foule de personnes. En parcourant du regard la pièce je me suis demandé s'il y avait quelqu'un qui aimait véritablement mon père. Il se disputait avec tout le monde. J'ai regardé le cercueil à côté de moi en me disant : « Peut-être qu'il voulait que ce soit moi qui parle lors de ses funérailles parce qu'il savait que j'avais un cœur de fils pour lui et que j'étais un vrai fils envers lui ».

LE CŒUR DE FILS

Telle a été ma vie avec mon père. En y repensant, la partie la plus merveilleuse pour moi a été l'instant où j'ai glissé l'enveloppe dans la fente. Pourquoi ? Parce que dès que j'ai laissé tomber l'enveloppe avec la lettre Dieu a restauré le cœur de fils en moi et cela a été la porte qui m'a permis de connaître mon Père céleste.

Je crois que la plupart d'entre nous avons perdu notre cœur de fils envers notre père naturel ou notre mère naturelle. Comment le récupérer ? Nous le retrouverons à l'endroit où nous l'avons perdu.

La vérité est qu'on ne peut pas connaître réellement le Père à moins d'avoir un cœur de fils ou de fille. On peut être touché par lui. On peut vivre une expérience de son amour. On peut même sentir son amour toucher notre cœur et nos émotions. Mais on ne peut pas avoir une relation intime avec lui en tant que Père si on n'a pas un cœur de fils. De nombreuses personnes rencontrent le Père, mais seuls ceux qui ont un cœur de fils ou un cœur de fille peuvent avoir une relation avec lui en tant que Père. Alors qu'on commence à le connaître comme un Père et que son amour commence à toucher et remplir notre cœur, ce même amour va venir guérir votre cœur encore et encore. Cet amour est disponible et il continuera à se déverser sur le sol de votre être jusqu'à ce qu'il remplisse tous les trous. Une fois tous les trous comblés, son niveau continuera à monter jusqu'à vous amener à un stade où son amour sera comme un océan immense dans lequel vous pourrez nager.

Puisque beaucoup d'entre nous avons fermé leur cœur à nos pères terrestres et que nous avons perdu nos cœurs de fils et de filles, peut-être que vous aussi devriez écrire une lettre à un de vos parents ou aux deux. Peut-être qu'un appel ou une conversation en tête-à-tête sera plus approprié. Je vous laisse décider, mais il y a deux choses dont je suis sûr. D'abord, si vous n'avez pas un cœur de fils pour les parents que Dieu vous a donnés, vous ne pourrez pas avoir de vraie relation avec Dieu comme Père et vous vivrez votre vie piégée dans vos attitudes et vos perspectives d'orphelin.

De plus, si vous êtes engagé dans un ministère chrétien quel qu'il soit, votre efficacité sera toujours bloquée parce que pour être comme Jésus, vous devez d'abord avoir un cœur de fils. Si vous n'avez pas un cœur de fils, votre aptitude à parler et agir comme Jésus avec votre cœur sera limitée. Hébreux 1:1 dit : « *Après avoir autrefois, à plusieurs reprises et de plusieurs manières, parlé à nos pères par les prophètes, Dieu nous a parlé dans ces derniers temps par son Fils* ». Il continue à parler à travers des fils ! Cette révélation du Père et de son amour est déterminante pour l'avenir de l'Église autant que pour notre vie personnelle.

CHAPITRE 5

Dieu est notre vrai Père

~

Jeune chrétien j'ai commencé à prier et à demander au Seigneur qu'il me permette de voir les choses comme lui les voit. Je voulais vraiment comprendre la vie telle que Dieu la voit. Proverbes 14:6 dit : « *Pour l'homme intelligent la connaissance est chose facile* ». De nombreuses personnes recherchent la connaissance, mais si vous avez l'intelligence alors la connaissance vient facilement. Je voulais vivre ma vie dans une perspective aussi proche que possible de celle de Dieu. Tout voir du point de vue de Dieu amène la découverte d'une paix réelle et durable dans nos vies. La connaissance peut amener la confusion, mais quand on a la compréhension de l'intelligence on a la paix car on peut voir le plan de Dieu dans chaque chose.

LE BUT DE LA VIE

Lorsque j'avais douze ans, ma famille a quitté la petite ville rurale dans laquelle j'avais grandi. J'aimais beaucoup vivre là-bas et j'ai détesté ce déménagement mais, au beau milieu de ce tourment intérieur, j'ai commencé à avoir soif de découvrir ce qu'était vraiment la vie. Je me souviens qu'un soir j'étais sorti et j'observais les étoiles en me rappelant les paroles de mon professeur qui disait qu'elles s'étendaient à l'infini. Il n'existe pas de grand mur de briques à la limite de l'espace. « Et même s'il y en avait un », a-t-il dit, « que pensez-vous qu'il y aurait de l'autre côté ? » Cela avait fait paniquer mon jeune esprit car je me disais : *s'il existe* quelque chose au-delà de chaque vie, qu'est-ce qui se trouve *au-delà* de l'existence ? *Ça doit continuer éternellement !*

Je me souviens avoir demandé à mes parents quel était le but de la vie. De quoi s'agit-il ? Qui sommes-nous vraiment et que faisons-nous ici-bas ? Qu'est-ce que cela signifie ? Comment se fait-il que je sois vivant ? Comment puis-je penser et être conscient ? Adolescent, j'étais très travaillé par ces questions. Un homme m'a dit : « Ne t'inquiète pas ! Quand tu grandiras ça ne te préoccupera plus tant que ça ! » C'est la réponse la plus inutile que j'aie jamais entendue. Elle ne m'a absolument pas satisfait. Je me suis dit : « Visiblement ce monsieur s'est posé ces questions quand il était jeune et maintenant qu'il est vieux il n'en a *toujours* pas trouvé les réponses ». Tout cela m'a profondément troublé. Et ce n'est pas devenu plus facile d'énoncer ces questions aujourd'hui que cela ne l'était à l'époque.

A l'école on m'a appris que l'évolution est la réponse à ces questions. Beaucoup d'entre nous ont appris que notre apparition sur terre est le fruit d'une série d'accidents étranges. Il n'y a absolument aucun but derrière tout cela. La vie n'était que l'effet de conditions météorologiques combinées à des réactions chimiques minérales et petit à petit, de cette série d'événements aléatoires, nous autres les humains avons commencé à exister. Et puis le temps passe et la terre poursuit son orbite autour du soleil, ne cessant de tourner sur son axe. Avec le temps cela finira par ralentir. Le soleil perdra sa chaleur et tout ce qui se trouve sur terre mourra. Au final, tout cela pour absolument rien.

Face à cela, je me demandais quel était l'intérêt d'aller à l'école. Je me demandais : « Pourquoi devrais-je aller apprendre comment gagner plus d'argent ? Juste pour avoir des enfants qui n'auront toujours pas de réponse à ces questions ? Oui ils recevront une éducation mais ils connaîtront une vie de difficultés pour s'en sortir financièrement – et ils finiront quand même leur vie sans aucun but ? Et puis, pour finir, le soleil se refroidira et tout disparaîtra et tout cela aura eu lieu pour rien ? » Je peinais à me motiver pour faire quoi que ce soit. Je remettais en question le droit des autres à me dire ce qui était bien ou mal ou comment je devais vivre ma vie.

Il y a quelques années, un rapport a été publié démontrant que (de tous les pays développés) la Nouvelle-Zélande connaissait le plus fort taux de suicide. Tout à coup les écrans de télévision se sont remplis de personnes qui ont donné leur avis sur ce rapport. Les hommes politiques ont donné des interviews pour exprimer leur opinion. De nombreux psychologues et psychiatres ont offert leurs différentes théories. Je ne prétends pas que mon opinion est plus valable que la leur, mais je crois que si on enseigne aux adolescents que le but de la vie ne revient à rien du tout et que cette vie n'est rien de plus qu'un événement biologique sans valeur alors pourquoi prolonger la souffrance ? Je peux tout à fait comprendre que des jeunes gens se suicident s'ils croient que l'évolution est vraie. Pourquoi ne pas en finir tout de suite ? Pourquoi attendre que la vie prenne fin naturellement ?

Nous sommes tous la descendance de Dieu

Ce que j'aimerais regarder maintenant, c'est quelque chose qui m'a apporté une paix extraordinaire. Cela m'a donné une capacité inégalée à garder le calme dans mon cœur face aux difficultés à affronter. Avec les années j'ai commencé à comprendre un peu mieux et à considérer les choses selon une perspective très différente. Il fut un temps dans ma vie où je pensais avoir une pleine compréhension de l'Évangile. Il me semblait très logique et pourtant, quand j'examinais ma propre vie, il y avait un manque de crédibilité. Je voyais que ma vie manquait d'autorité et de puissance pour réellement bénir la vie des personnes avec qui j'étais en contact. Si j'avais bien compris l'Évangile pourquoi est-ce que je ne voyais pas plus de choses se produire ? Pourquoi ne voyais-je pas autant de fruit que dans la vie de Jésus, pourquoi n'étais-je pas aussi efficace ? Alors j'ai pris du temps seul avec le Seigneur. Je lui ai redonné tout ce qu'on m'avait enseigné et je lui ai demandé de purifier ma compréhension et d'ouvrir mon cœur afin d'apprendre davantage. Je lui ai demandé que les vérités qui m'avaient été données passent à travers le tamis de son amour et de sa perspective. Il va sans dire qu'il a commencé à m'enseigner bien plus encore.

La lecture du message de Paul aux philosophes athéniens dans Actes 17 a été un des déclencheurs du changement de ma compréhension. Je pense que si vous parvenez à comprendre ce que j'écris dans ce chapitre, votre manière de vivre et votre relation avec Dieu pourraient être incroyablement transformées. En lisant le passage ci-dessous notez bien que parmi ceux qui ont écouté Paul, il n'y avait pas un seul chrétien. Paul a dit :

« Le Dieu qui a fait le monde et tout ce qui s'y trouve est le Seigneur du ciel et de la terre, et il n'habite pas dans des temples faits par la main de l'homme. Il n'est pas servi par des mains humaines, comme s'il avait besoin de quoi que ce soit, lui qui donne à tous la vie, le souffle et toute chose. Il a fait en sorte que tous les peuples, issus d'un seul homme, habitent sur toute la surface de la terre, et il a déterminé la durée des temps et les limites de leur lieu d'habitation. » (v. 24-26).

Voici une déclaration très intéressante. *« Il a fait en sorte que tous les peuples, issus d'un seul homme, habitent sur toute la face de la terre. »* Le fait d'habiter la terre était en fait un commandement donné dans le jardin d'Éden. L'humanité était supposée se propager et peupler toute la terre. Puis l'apôtre continue :

« …Il a déterminé la durée des temps et les limites de leur lieu d'habitation. »

J'aimerais faire un petit commentaire : ce n'est pas ce que je veux partager de plus important mais c'est une affirmation intéressante que Paul fait ici. Dieu a prédéterminé le moment de notre naissance et aussi son lieu. Nous venons tous de nations et de cultures différentes. Ceux qui ont fondé ou peuplé les nations n'essayaient pas forcément de faire la volonté de Dieu mais au milieu de tout cela le moment et le lieu de votre naissance faisait en quelque sorte partie de son plan pour l'humanité. Ce n'est pas une erreur si je suis néo-zélandais et que vous avez votre nationalité. Ce n'est pas une erreur car c'est *Dieu* qui a déterminé pour vous les moments et les endroits mêmes où vous devriez vivre. Il a fait cela afin que l'humanité le recherche.

Puis Paul fait une autre affirmation intéressante dans laquelle il cite un poète grec séculier. Il faut savoir que Paul était intellectuellement brillant. Lorsqu'il était étudiant il s'asseyait aux pieds de Gamaliel qui était le principal enseignant de sa secte des pharisiens. Il était le meilleur des étudiants de son époque. Il dit qu'il surpassait ceux qui se trouvaient dans sa classe (Galates 1:14). Ailleurs, dans 2 Corinthiens 11:5, il déclare qu'il n'était « *en rien inférieur à ces super-apôtres.* » Il a grandi dans une ville nommée Tarse qui était une cité universitaire de l'empire romain. Il ne fait aucun doute qu'il avait atteint l'apogée de l'observation religieuse et de la connaissance.

A l'âge de 12 ans il avait certainement mémorisé de vastes portions de la Genèse, de l'Exode, du Lévitique, des Nombres et du Deutéronome. C'était ce qu'on attendait habituellement d'un garçon de son rang. C'était un jeune garçon brillant et j'imagine (parce qu'il a été élevé dans une ville universitaire) que lui et sa famille avaient été exposés aux nombreuses cultures de l'empire romain. Il fut sans doute exposé à la culture grecque, qui était la culture dominante de l'époque, et apprit un poème grec (d'Aratus, un poète qui a vécu dans sa ville natale de Tarse) qu'il était capable de citer. Dans ce passage Paul s'adressait à un groupe de grecs qui étaient des philosophes de premier plan de la ville d'Athènes. Nous savons que ces grecs craignaient d'offenser le moindre dieu. Leur philosophie était très religieuse et ils voulaient pour ainsi dire couvrir leurs arrières. Donc ils ont bâti un autel pour honorer « le dieu inconnu ».

Ces philosophes apprirent que Paul enseignait dans la ville alors ils lui demandèrent de venir leur parler. Pendant qu'il enseignait il cita ce poète grec en particulier. Je trouve amusant qu'un poète grec ait au moins un vers de son poème cité dans les Saintes Écritures. Je suis sûr qu'il n'a pas réalisé qu'il écrivait les Écritures lorsqu'il a couché ce verset sur papier. Qui plus est Paul l'a cité comme une vérité qui venait de la sagesse de Dieu. C'est un verset des Écritures et en tant que tel il est inspiré par l'Esprit de Dieu. A un moment ou à un autre, Dieu a soufflé sur ce que ce poète grec écrivait et Paul l'a utilisé pour toucher ces philosophes grecs. Il a dit :

« *En effet c'est en lui* [c'est-à-dire le Dieu Juif] *que nous avons la vie, le mouvement et l'être, comme l'ont aussi dit quelques-uns de vos poètes : 'Nous sommes aussi de sa race'* » (Actes 17:28).

Au verset 29, il poursuit : « *...Puisque nous sommes la descendance de Dieu...* » (traduit de l'anglais).

J'ai lu ce passage de nombreuses fois avant de vraiment le remarquer. Mais quand j'ai remarqué cela, j'ai été étonné car Paul s'adressait à un auditoire *totalement non chrétien* en leur disant : « Nous sommes enfants de descendance divine. Nous sommes ses enfants ».

Voyez-vous, on m'a appris que je suis devenu le fils de Dieu quand je suis *devenu chrétien*. Je suis devenu son enfant à l'instant où je suis né de nouveau et à moins d'être né de nouveau je ne peux pas entrer dans le royaume de Dieu. Et c'est absolument vrai. Cependant, il semble y avoir un problème ici car Paul dit à ces philosophes grecs : « Puisque nous sommes les enfants de Dieu, puisque nous sommes sa descendance, puisque nous venons de lui, puisque nous sommes ses enfants... ». Mon problème était que je ne comprenais pas comment Paul pouvait dire que ces grecs non chrétiens étaient enfants de Dieu !

Je voudrais souligner très clairement ici que nous ne connaîtrons jamais les avantages d'être enfants de Dieu si nous ne naissons pas de nouveau. C'est très clair et il n'y a pas à en débattre. Mais il doit y avoir quelque chose de plus dans ce que Paul dit pour que cela soit un verset inspiré et vrai. On m'a toujours dit qu'avant d'être chrétien je marchais dans les ténèbres. On m'a dit en fait que c'était Satan qui était mon père car je marchais selon ses voies. Mais Paul dit ici que nous sommes *tous* la descendance de Dieu, *y compris* ceux qui ne sont pas nés de nouveau. Cela m'a pris par surprise car on m'avait toujours enseigné que nous étions nés de l'Esprit de Dieu et qu'ainsi nous devenions enfants de Dieu. Paul dit quelque chose de différent et qu'on ne considérerait pas comme une doctrine chrétienne conventionnelle. On dirait même une forme d'universalisme. Alors j'ai essayé de comprendre cela et le Seigneur a commencé à m'en donner un éclaircissement.

Alors que nous réfléchissons sur ceci il est important de comprendre une chose : quand Dieu a créé Adam et Ève dans le jardin d'Éden son intention était qu'ils *ne pèchent pas*. Les théologiens ont débattu pendant des siècles pour déterminer si Dieu savait d'avance qu'Adam et Ève finiraient par pécher. Il n'y a pas de consensus à ce sujet. Cependant nous savons que ce que Dieu voulait pour Adam et Ève était son vrai projet. Son intention était qu'ils ne pèchent pas. Ainsi pour comprendre que chaque personne dans le monde est enfant de Dieu, il nous faut comprendre la signification du mot rédemption.

LA RÉDEMPTION

Le mot rédemption signifie en fait « racheter ».

J'ai à mon poignet une montre que j'ai reçue pour Noël. On me l'a achetée et donc je ne pourrai jamais dire que cette montre a été rachetée. Elle a été achetée mais pas rachetée. Lorsque Jésus a payé le prix pour nous il nous a *rachetés*. Mais on ne pourra jamais décrire l'acquisition de ma montre comme un rachat pour une seule et bonne raison. On ne peut racheter que quelque chose qui nous appartenait déjà au départ. La rédemption accomplie par Jésus à travers sa mort sur la croix était donc un rachat de quelque chose que Dieu avait déjà possédé. Jésus ne nous a pas achetés. Il nous a rachetés !

C'est pourquoi, de façon très concrète, on peut parler de rédemption dans le cadre du christianisme lorsque nous comprenons qu'*avant* même d'être pécheurs nous *appartenions* à Dieu. Le fait de lui appartenir n'a pas commencé de notre vivant mais plutôt du vivant de nos ancêtres, Adam et Ève. Lorsqu'ils étaient sur cette terre, chacun d'entre nous se trouvait en eux car nous sommes tous venus d'eux. Toute la race humaine a été contenue dans Adam et Ève et appartenait à Dieu avant la chute. Quelle était le but de Dieu pour nous ? C'était qu'Adam et Ève ne pèchent jamais et continuent à se multiplier comme il l'avait commandé. Ils se multiplieraient, rempliraient la terre et ils la soumettraient. Telle était la commission que Dieu souhaitait qu'ils accomplissent. Son but (et c'était un vrai plan) était que toute l'humanité remplisse la terre sans qu'Adam ou Ève ou qui que ce soit ne pèche jamais.

LE PLAN ORIGINEL

Imaginez à quoi ressemblerait le monde si Adam et Ève n'avaient jamais péché ; pouvez-vous imaginer à quoi votre vie ressemblerait ? Elle serait très différente de la façon dont vous l'avez vécue. Si Adam et Ève n'avaient pas péché ils seraient toujours vivants à ce jour ! Vous pourriez aller chez eux, frapper à la porte et Adam vous inviterait à entrer. Ils seraient en vie depuis très longtemps, mais toujours dans la force de l'âge ! Je crois que si Adam entrait dans la pièce aujourd'hui, chacun se prosternerait devant lui et l'adorerait à cause de son apparence. Nous penserions qu'il est Dieu car Adam a été créé à l'image de Dieu.

Si le péché et la mort n'étaient pas entrés, Adam et Ève auraient regardé Dieu face à face chaque jour pendant des milliers d'années. Ils auraient contemplé non pas une version limitée mais la pleine révélation de tout ce que Dieu est. Lorsque Moïse est monté puis redescendu du sommet de la montagne, son visage était tellement rempli de la gloire de Dieu qu'une grande crainte s'est emparée du peuple. Il a dû se couvrir d'un voile afin qu'ils puissent supporter son apparence après avoir passé 40 jours sur la montagne. Adam et Ève auraient marché avec Dieu pendant des *milliers* d'années. En plus, toute personne née sur la terre serait encore en vie aujourd'hui : nos parents, grands-parents, arrière-grands-parents etc. Chaque être humain serait vivant parce que la mort n'aurait pas existé.

La mort est un sujet difficile à traiter parce que rien en nous n'a été créé pour y faire face. Toute forme de rejet, de solitude ou de traumatisme est difficile à gérer parce que nous n'avons pas de ressource interne pour y faire face. Nous n'avons pas été formés pour vivre dans le monde tel qu'il est aujourd'hui. Nous étions créés pour un monde dans lequel Adam et Ève n'auraient jamais péché.

Considérez une autre différence majeure. Toutes les personnes avec qui vous seriez entré en contact au cours de votre vie n'auraient exprimé envers vous que de l'amour, de l'acceptation et de l'émerveillement. Elles auraient été convaincues de votre extraordinaire beauté, joyeuses d'être avec vous et heureuses de ce que vous ressentez. Elles auraient célébré les dons et les ressources incroyables apportés sur terre par votre présence. Pour chacun d'entre nous, notre vie serait affermie par le sentiment d'être accueilli en venant au monde ; tout cela aurait un effet extraordinaire sur nous.

On ne peut imaginer le sentiment de joie que nous aurions connu si Adam et Ève n'avaient jamais péché. C'est difficile à comprendre, mais *telle* est la vie que Dieu avait prévue pour nous. Imaginez ce que c'était pour Adam d'être formé comme un être humain adulte avec toutes les ressources de la pensée, des émotions, du cœur, de la volonté ainsi qu'une pleine capacité pour comprendre et penser correctement. Son intellect aurait été bien au-delà du nôtre. D'après les scientifiques nous n'utilisons que 10% des capacités de notre cerveau. Adam aurait été pleinement opérationnel, fonctionnant avec 100% de ses capacités intellectuelles. Il est venu dans ce monde et a immédiatement reçu et ressenti la totalité de l'amour de Dieu déversé dans son être sans aucun obstacle.

Dès le début de sa vie dans ce monde, il aurait été submergé par le sentiment qu'il était merveilleux et aimé, parce qu'il aurait regardé Dieu le Père droit dans les yeux dès l'instant où il aurait été conscient. Lorsque Adam a ouvert les yeux qui sont les fenêtres de l'âme, et qu'il a contemplé le visage de Dieu le Père, son âme a été imprégnée par la personne du Père. Voyez-vous, Dieu *est* amour et son intention est que chacun des fils et filles d'Adam et Ève soient remplis du même amour, de cette même révélation, de cette même substance chacun des jours de leur vie à travers l'histoire et pour l'éternité.

C'est pour ce genre d'existence-là que nous avons été conçus. *Nous avons été conçus afin que notre naissance naturelle soit notre porte d'entrée dans l'expérience complète de Dieu qui est notre Père.* Notre naissance naturelle nous introduirait dans la bénédiction de connaître Dieu comme notre Père et de savoir que nous sommes ses fils et ses filles. Nous n'aurions jamais besoin d'un mot pour « sécurité » car nous n'aurions jamais la capacité consciente d'imaginer autre chose que la paix et la sécurité totales. Le concept de peur n'existerait pas.

Votre père et votre mère n'auraient pas été tels que vous les avez connus. Ils vous auraient traités de façon très différente. Leurs parents (vos grands-parents) auraient été tellement comblés de l'amour de Dieu le Père que leur amour pour vos parents aurait été l'expression parfaite de Dieu, bien au-delà de tout ce que vous avez pu connaître. J'aimerais vous le répéter encore une fois. *Notre naissance naturelle aurait été notre porte d'entrée dans toutes les bénédictions présentes dans le cœur de Dieu notre Père pour nous* et dans la connaissance de sa présence, sa provision, son amour, ses soins et sa direction.

LA SECONDE NAISSANCE

Cependant, nous ne le savons que trop bien, Adam et Ève ont bel et bien péché. Et comme Adam et Ève ont péché, Dieu a créé une *seconde naissance* afin de nous faire parvenir à la connaissance de son amour de Père et de nous amener tous à le connaître comme un père pour nous. C'est pourquoi en envoyant Jésus mourir pour nous, le Père a ouvert une porte et Jésus est devenu cette porte. Jésus n'a pas ouvert la porte. Il *est* la porte.

Dieu le Père a ouvert la porte pour que nous revenions à lui, que nous soyons rachetés afin d'avoir de nouveau accès à tout ce qu'Adam et Ève ont perdu. *C'est ce que signifie être racheté !* Le but de Dieu en envoyant son fils sur terre pour nous était de racheter tout ce qui avait été perdu lorsqu'Adam et Ève ont péché. En fait il a même racheté *encore plus* que ce qui avait été perdu. Au lieu d'être des fils et des filles de Dieu comme Adam l'était, nous sommes devenus (en Christ) partie intégrante de la vie de Dieu lui-même. Comme c'est merveilleux ! Lorsque nous naissons de nouveau c'est pour le connaître comme notre Père de la même façon qu'Adam et Ève l'auraient connu si la chute n'avait jamais eu lieu. Lorsque nous réalisons cela nous commençons à comprendre ce qu'être chrétien veut réellement dire. Cela nous permet de comprendre notre destinée et l'œuvre de Dieu dans notre vie.

Il est essentiel de comprendre pleinement la signification de la rédemption afin de pouvoir avoir un impact efficace dans la vie des autres. Le but ultime de Dieu est de restaurer ma vie ainsi que votre vie au niveau où *elle aurait été si Adam et Ève n'avaient jamais péché.* C'est là l'objectif de la croix et le but de la rédemption. C'est le but lorsqu'on devient chrétien. *Tout* ce que Dieu fait dans notre vie a pour but de nous restaurer à l'état originel sans péché d'Adam et Ève. Il est très utile pour nous de méditer sur ce qu'aurait été notre vie si nous étions nés dans ce monde-là et comment nous nous sentirions à propos de nous-mêmes. Dieu veut que nous connaissions l'amour qu'il a pour nous car l'amour pose une fondation au plus profond de nous qui donne à notre âme un sentiment de sécurité absolue.

Quand vous savez que Dieu vous aime, il n'y a pas de lutte avec la doctrine que Dieu pourvoit à vos besoins. Souvent vous pouvez lutter pour croire qu'il pourvoira à vos besoins matériels. Vous pouvez vous appuyer sur les promesses de Dieu, exercer votre foi et croire Dieu aussi fort que vous le voulez. Vous pouvez confesser des choses positives, répéter des affirmations personnelles pour que cette vérité entre en vous. Cependant si vous ne savez pas vraiment dans votre cœur que Dieu le Père vous aime, vous aurez beaucoup de mal à vous accrocher au fait qu'il va prendre soin de vous. Mais lorsque vous avez un fondement profondément ancré en vous que Dieu est votre Père et qu'il vous aime, alors vous n'aurez pas de mal à croire qu'il va veiller sur vous dans cette vie. L'amour est le fondement de la foi. En fait, l'amour est le fondement de *toute chose* dans notre vie chrétienne : expérimenter et marcher dans l'amour de Dieu le Père.

Nombreux sont ceux qui pensent que le chemin vers la sainteté consiste à s'approprier cet amour en se récitant constamment des vérités. Vous ne serez jamais convaincu de cette façon. Mais quand son amour vient remplir votre esprit et que vous *savez* qu'il vous aime, alors la Bible devient un livre différent. Nous avons été choisis avant la fondation du monde. Ce n'est pas nous qui l'avons choisi, mais c'est lui qui nous a choisis pour une vie extraordinaire qui sera éternelle et qui commence maintenant ! *C'est cela* l'éternité pour nous, et nous la vivons maintenant ! Le but, le plan, la direction que Dieu a pour notre vie est de nous racheter afin que notre vie puisse être exactement telle qu'il l'avait voulue *avant* la chute. Le « paradis perdu » a été retrouvé en Christ !

Il vous a conçu(e)

Le prophète Jérémie écrit,

« *Avant de te former dans le ventre de ta mère, je te connaissais, et avant que tu naisses, je t'avais consacré, je t'avais désigné prophète pour les nations* » (Jérémie 1:5)

Nous ne pouvons pas présumer d'après ces mots que nous avons tous été établis prophètes des nations. D'une manière générale c'est vrai et cela peut être spécifiquement vrai pour certains comme cela l'a été pour le prophète Jérémie. Je crois cependant que la première partie du verset est vraie pour chacun d'entre nous car il parle de la façon dont Jérémie a été créé : « *Avant de te former dans le ventre de ta mère, je te connaissais* ». J'ai eu beaucoup de mal à comprendre cela. Qu'est-ce que le *Seigneur* voulait dire ? *Comment* pouvait-il connaître Jérémie avant qu'il ne soit dans le ventre de sa mère ? Si vous considérez cela d'un point de vue biologique Jérémie n'a pas existé avant de se trouver dans le ventre de sa mère. Il ne s'agit pas de réincarnation non plus. La réincarnation n'existe pas dans la compréhension biblique de la vie humaine. Alors comment le Seigneur pouvait-il connaître Jérémie avant qu'il ne se trouve dans le ventre de sa mère ? Ne vous y trompez pas ! Il connaissait *réellement* Jérémie.

Cette déclaration ne peut être possible que d'une manière. Très longtemps avant que Jérémie ne se trouve dans le ventre de sa mère, Dieu avait conçu dans sa pensée la personne que Jérémie deviendrait. Il avait imaginé Jérémie tout entier : son corps physique, sa capacité mentale, sa constitution émotionnelle et spirituelle, les dons et les talents qu'il aurait. Dieu était en mesure de dire, bien avant que Jérémie ne se trouve dans le ventre de sa mère : « Je sais exactement quelle personne il va être ».

Cher lecteur, je crois qu'il en est de même pour chacun d'entre nous. Il y a bien longtemps, Dieu *vous* a conçu dans son cœur et dans sa pensée. Il a fait de vous la personne unique que vous êtes avec les capacités naturelles spécifiques dont vous disposez. Votre mère et votre père ne savaient probablement pas si vous alliez être une fille ou un garçon, mais *lui* vous connaissait dans les moindres détails. Il savait quelle serait votre taille, quel serait votre poids (à quelques kilos près), la couleur de vos cheveux. Il connaissait votre personnalité ainsi que les talents que vous auriez. Il a donné à chacun de nous certaines capacités que d'autres n'ont pas. Il nous a limités dans certaines autres capacités. Il a créé *précisément* la personne que vous seriez. Il vous connaissait. Il faut que vous compreniez qu'il est votre *vrai* Père parce qu'il vous a conçu dans sa pensée et dans son cœur bien avant votre conception naturelle.

Ce qui est encore plus extraordinaire, c'est qu'il nous a tous conçus dans l'amour parce qu'il est amour. En d'autres termes, lorsqu'il a décidé de vous créer il a pensé : « Comment puis-je le rendre absolument attachant ? » *Il a conçu chacun de nous dans un amour absolu.* Certains pensent qu'ils sont une erreur et qu'ils ne devraient pas être ici sur terre. C'est quelque chose qui me touche particulièrement. Ma mère m'a dit : « Quand ton père et moi nous nous sommes mariés nous voulions avoir un petit garçon en premier. Alors quand ton frère est arrivé nous étions très heureux. Puis nous nous sommes dit que ce serait formidable d'avoir une petite fille et ta sœur est arrivée. Nous étions très heureux et nous avons décidé que nous ne voulions pas avoir d'autre enfant ». Puis elle a poursuivi : « Et alors nous avons découvert que tu arrivais ». Puis elle a marqué une pause et a ajouté : « Mais quand *toi* tu es arrivé, tu as amené ton propre amour avec toi ». Autrement dit : « Pendant neuf mois on ne voulait pas vraiment de toi ! »

Beaucoup ont eu une expérience similaire et ils ressentent constamment qu'ils ne devraient en fait pas être sur cette terre. Peut-être que leurs parents *ont dû* se marier à cause de la grossesse et désormais ils se considèrent comme un problème. La réalité merveilleuse est que Dieu notre Père a conçu chacun de nous dans son amour avant même que nous soyons dans le ventre de notre mère. Vous avez été conçu dans l'amour par votre VRAI PERE.

Les enfants illégitimes n'existent pas. Il n'y a que des parents illégitimes, parce que chaque enfant venu dans ce monde est aimé et désiré par Dieu notre Père. C'est pour cela qu'il a dit par l'Esprit à travers Paul dans le livre des Actes que *tous* (chrétiens ou non) sont ses descendants. Il a été en mesure de dire cela parce que dans son plan originel pour l'humanité il a conçu chacun d'entre nous.

Je me suis souvent demandé : « A quel moment m'a-t-il en fait créé ? » « Était-ce juste cinq minutes avant ma conception par mes parents ? » A-t-il été pris par surprise en disant « Oh non en voilà encore un ! Vite ! Faisons-en un autre ! » Quand m'a-t-il conçu ? Était-ce quelques instants avant ma naissance ? Quelques années ? Je crois qu'il a conçus chacun d'entre nous avant qu'il ait créé le moindre atome de l'univers car ce n'est pas *un univers qu'il voulait, mais une famille.* Son but n'était pas d'avoir cette création magnifique. Il a plutôt fait de la création un environnement dans lequel nous pourrions vivre. Nous contemplons les étoiles et pensons qu'elles brilleront pour toujours. Savez-vous pourquoi il a fait cela ainsi ? Pas pour que nous soyons dépassés et désespérés à propos de notre vie mais plutôt pour que nous puissions les regarder et nous exclamer : « Waouh ! » Pour que tout en nous déborde d'émerveillement envers lui. Il a fait l'univers pour nous donner une idée du genre de Père que nous avons vraiment. N'est-il pas merveilleux ?

FAITS À SON IMAGE

Nombreux sont ceux qui vivent avec le sentiment qu'ils ne sont pas à leur place et qu'ils n'auraient jamais dû naître. Certains ont tellement l'impression d'être des intrus de leurs propres vies qu'ils ont même le sentiment de ne pas avoir leur place dans leur propre maison. Ils passent leur vie entière à travailler, à économiser pour rembourser l'emprunt pour pouvoir posséder leur propre maison et finalement ils ont un titre de propriété mais ils continuent de vivre comme s'ils ne devraient pas être de ce monde. Mais la réalité est simple : nous sommes les enfants de notre Père céleste.

Il y a bien longtemps, il a décidé qu'il allait vous avoir et *le jour où vous êtes entré dans ce monde a été un jour dont il se réjouissait depuis des milliers d'années.* La seule ombre pour lui a été de savoir qu'en raison de la chute, votre naissance naturelle ne vous donnerait pas toute la bénédiction du fait qu'il est votre Père. Il nous aime quand même comme un Père mais à moins d'être nés de nouveau, nous ne connaîtrons jamais les avantages du fait qu'il *est vraiment* un Père pour nous. Il a envoyé Jésus mourir pour nous afin que nous puissions naître de nouveau et que notre *seconde naissance* nous amène à toutes les bénédictions d'avoir Dieu comme Père.

Considérons Psaumes 139:16

« Je n'étais encore qu'une masse informe, mais tes yeux me voyaient... »

Il y a bien longtemps, avant que votre corps ne soit formé dans le ventre de votre mère, Dieu l'a vu. Il savait à quoi ressemblerait votre corps physique avant même que le monde ne soit créé. Vous n'êtes pas le résultat d'une évolution et donc un caprice de la nature sans but ni raison d'exister. Vos parents ne savaient pas si vous seriez un garçon ou une fille et ils n'ont pas eu leur mot à dire sur la question. Mais il y a bien longtemps, Dieu a déterminé le temps pour vous et les lieux où vous alliez vivre. *Il* savait à quoi vous ressembleriez.

Je connais des gens qui sont nés avec des malformations physiques, qui sont aveugles, sourds, voire pire. D'une certaine manière, en ouvrant la porte au péché et en offrant sa vulnérabilité à la destruction de Satan, l'humanité a permis ces choses. Certaines des raisons viennent d'erreur humaines médicales et peut-être découvrirons nous un jour des choses que nous autres humains faisons et qui ont également des conséquences néfastes.

La vérité est qu'avant que vous soyez dans le ventre de votre mère, Dieu savait à quoi ressemblerait votre corps physique et *il* dit que nous avons été créés d'une manière merveilleuse.

Notre fille a été un mannequin international pendant dix ans. J'ai toujours pensé qu'elle était belle, même au saut du lit. Je me souviens lui avoir demandé un jour : « Ces super modèles, est-ce qu'elles pensent qu'elles sont belles ? » et elle a répondu : « Aucune ne le pense ». Chacune d'entre elles disait qu'il y avait une partie de leur corps qui ne leur plaisait pas. Leurs genoux étaient trop saillants, leur nez trop gros, leurs yeux trop petits. Cela ne fait que confirmer le sentiment inné que quelque chose de la création extraordinaire de Dieu en nous a été volé.

Lui qui est lui-même la beauté ne peut rien faire de laid. Le cœur d'un artiste s'exprime à travers ses tableaux et il n'y a personne de plus beau que Dieu lui-même. Alors quand il nous a créés vous et moi c'était une expression de sa propre nature. Il nous a créés beaux. Nombre de personnes vivent leur vie entière avec le sentiment qu'ils ne sont pas assez bien pour les autres, qu'ils ne pourront jamais se tenir debout devant tout le monde. Ils ressentent un profond sentiment de honte à propos d'eux-mêmes. Ils se sentent timides. Ils se couvrent de voiles de séparation parce qu'ils ne se sentent pas acceptables dans leur apparence, leurs intérêts ou leur mode de vie. Dieu a fait chacun d'entre nous et il a conçu chaque aspect de notre être.

Nombre de personnes pensent que Dieu a fait l'homme à son image et que la femme a pour ainsi dire juste été ajoutée pour aider. Elle aurait été créée comme une esclave pour travailler aux côtés de l'homme. Ce qu'ils ne réalisent pas cependant, c'est que la femme a *également été* créée à l'image de Dieu. Ils ne réalisent pas que la féminité (comme la masculinité) est une expression de la nature de Dieu lui-même. La féminité est aussi une expression de qui est Dieu. Je connais une femme qui n'a pas de miroir chez elle car elle est convaincue qu'elle est laide et le miroir ne semble que confirmer cette perception. Le fait est que Dieu n'a jamais rien créé de laid et que si les gens ne voient pas à quel point vous êtes beau ou belle, cela ne fait que montrer la différence qu'il y a entre Dieu et eux, parce qu'il pense que je suis beau et il pense la même chose de vous !

D'une certaine façon, toute la culture hollywoodienne et de la célébrité a présenté un idéal et une perception de la beauté que personne ne peut atteindre. Cela vient nous voler un sentiment de confiance à propos de notre apparence. Il y a un dicton : « Si la grange a besoin d'un coup de peinture alors on la repeint ! » Je ne suis pas contre le maquillage. Lorsqu'on m'a interviewé pour la télévision on m'a dit que je devais mettre du maquillage. La première fois que cela m'est arrivé je n'arrivais pas à y croire ! Cela a été dur à enlever ! Mais le fait est simple : Dieu vous a fait beau, belle et si les gens ne le voient pas ce n'est pas votre problème ; c'est le leur !

Dieu lui-même est celui qui me connaît le mieux et il est celui qui m'aime le plus. Il connaît chacun de mes défauts et il m'aime quand même profondément. Nous ne pouvons pas dire : « Je n'aime pas cette personne parce qu'elle a beaucoup de défauts ». Lorsque nous ne sommes pas capables d'aimer quelqu'un ou d'exprimer de l'amour envers les autres, cela ne fait que souligner la différence qu'il y a entre nous et Dieu. Dieu, notre Père, a conçus chacun d'entre nous dans sa pensée et dans son amour, et il nous a créés pour être parfaitement attachant. *C'est lui notre vrai Père.* Il est et *a toujours été* votre *vrai* Père.

Vous avez juste été prêtés à vos parents. Ils ne connaissaient rien de vous, mais lui oui. Il a conçu les caractéristiques uniques de chaque être humain. Il a tout créé tout ce qui nous concerne. Il est notre vrai Père et, si nous recevons Christ et que nous marchons dans sa vie, alors nous connaîtrons notre Père céleste pour le restant de l'éternité.

Restaurés pour être des fils et des filles

Lorsque nous disons que Dieu est notre Père ou que nous parlons de recevoir l'amour du Père, nous ne parlons pas uniquement de Dieu qui vient dans notre vie et qui nous donne une expérience avec lui ou un attouchement de son amour pour guérir nos blessures émotionnelles. Ces choses se passent mais ce dont il s'agit en fin de compte c'est que Dieu nous restaure dans notre position de fils et de filles. Il nous rachète pour que nous puissions le connaître comme notre Père de la même façon qu'Adam l'a connu, et plus que ça, comme Jésus l'a connu.

L'intention de Dieu le Père est que nous venions marcher avec lui dans l'éternité, en tant que fils en adéquation avec qui il est. C'est là qu'il nous emmène. Pour moi, c'est ce que je trouve le plus enthousiasmant dans cette réalisation de Dieu en tant que Père. Savoir que tout ce que je suis a été conçu par mon Père céleste et que je suis son fils. Pour toute l'éternité je suis son fils. Bien sûr je ne suis pas Jésus, mais la vérité glorieuse est que « en Christ » il est devenu *mon* Père et je suis son fils maintenant et pour toujours. Son but a toujours été qu'il en soit ainsi. Il a dû me racheter à cause de ce qu'il s'est passé dans le jardin d'Éden, mais j'ai toujours été son fils et je le serai toujours.

Le Père a attendu des milliers d'années le moment où vous viendriez dans ce monde. Lorsque vous êtes arrivé, il a fait la fête car il vous connaissait bien avant que vous ne soyez dans le ventre de votre mère. Il a attendu le jour où votre esprit recevrait enfin la révélation qu'il est votre *vrai* Père. Comme tout parent aimant qui se réjouit du jour où son fils dira : « papa » pour la première fois, Dieu le Père a attendu des milliers d'années le jour où vous alliez lever les yeux vers lui et le voir et vous écrier du plus profond de votre cœur « papa ! »

CHAPITRE 6

L'esprit orphelin

~

J'ai entendu pour la première fois l'expression « esprit orphelin » en 2002 lors d'une conférence à Toronto. J'ai entendu le Seigneur me la dire quinze minutes avant que je ne prêche. J'ai rapidement ouvert ma Bible et un verset que j'avais lu plusieurs fois auparavant m'a percuté et tout a changé. Je suis monté sur l'estrade et l'intégralité du message m'est venu pendant que je parlais. Je ne savais pas quel allait être mon message, mais ce verset qui m'a soudainement été éclairé est devenu par la suite l'un de nos messages les plus connus dans toute cette révélation du Père. Vous pourriez dire, en fait, qu'il est devenu l'enseignement phare de notre ministère, sur lequel s'appuie le paradigme fondamental à partir duquel nous enseignons.

Le verset qui m'a frappé est tiré de Jean 14, que Jésus a prononcé dans ses derniers jours, environ une semaine avant sa crucifixion. Jack Winter a dit un jour que les dernières paroles d'un homme sont probablement parmi les plus importantes qu'il ait prononcées. Ce jour-là, à Toronto, lorsque j'ai lu ce verset j'ai eu l'impression que la gravité s'était déplacée et que la terre avait bougé. Ma vie chrétienne n'a jamais été la même depuis. J'avais reçu un certain nombre de révélations – mais celle-ci a changé de manière significative la perspective de ma propre vie. Je viens d'une théologie pentecôtiste / charismatique et cette révélation m'a soudain amené dans une perspective du Père que je n'avais encore jamais vue auparavant.

UN ÉTRANGE PETIT VERSET

Avant de vous révéler ce verset je voudrais vous en donner le contexte. L'évangile de Jean a été le premier livre de la Bible que j'ai lu. J'avais donc lu ce verset de nombreuses fois auparavant, cependant je n'avais pas vu sa réelle signification. En fait, je pensais que c'était un étrange petit verset, un verset que je ne comprenais pas vraiment. Il contient un mot qui n'est utilisé qu'à un seul autre endroit dans tout le Nouveau Testament. Cependant au cours de cette réunion à Toronto soudainement c'est comme s'il sautait de la page vers moi et tout a changé. Dieu a ouvert ma compréhension sur quelque chose que je n'avais pas vu auparavant.

Laissez-moi vous donner une idée de la raison pour laquelle ce verset m'a autant impacté. Quand j'étais à l'école biblique on nous avait donné les mots-clés pour chacun des chapitres du livre de Jean. En mémorisant un seul mot, vous pouviez vous rappeler de quoi parlait tout le chapitre. De même, il y avait un verset particulier qui était la clé pour saisir l'intégralité du livre de Jean. Ce verset (Jean 20:31) dit « *Mais ceux-ci ont été décrits afin que vous croyiez que Jésus est le Messie, le Fils de Dieu, et qu'en croyant vous ayez la vie en son nom* ». Ce verset me semblait parfait pour résumer le sens du livre de Jean. Mais quand le Seigneur a ouvert mes yeux sur ce verset de Jean 14 j'ai vu qu'il pourrait être le verset clé de tout le Nouveau Testament, peut-être même de toute la Bible. C'est étonnant de voir comment un « étrange petit verset » peut soudainement prendre une si grande importance.

Ce verset qui a tout changé pour moi est Jean 14:18. C'est un petit verset tout simple mais il y a tellement de choses dedans. Jésus l'a prononcé et Jean l'a écrit.

« Je ne vous laisserai pas orphelins, je reviens vers vous. »

Quand cette perspective m'est apparue j'ai senti pour la première fois de ma vie que je commençais à comprendre le problème fondamental de l'humanité. Le problème fondamental non seulement de nos luttes individuelles mais aussi les luttes que nous avons en relation les uns avec les autres. Le problème fondamental de la vie d'église, les frictions entre les dénominations, les conflits familiaux et même les guerres entre les nations. J'ai soudainement vu la racine du problème de l'humanité sur cette terre tout au long de l'histoire. C'était un changement complet de paradigme.

Quelqu'un m'a dit un jour, « James, tu sembles penser que l'amour du Père est la réponse à tous les problèmes de l'humanité. » Je le crois de tout mon cœur, parce que chaque problème trouve son origine dans le fait qu'Adam et Ève ont perdu leur place en Éden, leur place dans l'amour du Père qui pouvait s'expérimenter ! Quand c'est arrivé la race humaine s'est coupée de la provision totale de Dieu et a perdu la communion intime avec lui.

Ainsi, quand Jésus a dit ces mots « *Je ne vous laisserai pas orphelins, je reviens vers vous* » de quoi parlait-il exactement ?

NOUS SOMMES TOUS ORPHELINS

Je dois dire tout d'abord que ces paroles n'ont pas pris naissance dans le cœur ou la pensée de Jésus. Il les a dites, mais elles ne venaient pas de sa pensée ou de sa théologie. Elles venaient de son Père. Jésus a dit « *En effet je n'ai pas parlé de ma propre initiative, mais le Père, qui m'a envoyé, m'a prescrit lui-même ce que je dois dire et annoncer... C'est pourquoi ce que j'annonce, je l'annonce comme le Père me l'a dit.* » (Jean 12:49-50). Ces paroles venaient du cœur du Père.

Quand Jésus a prononcé ces mots « Je ne vous laisserai pas orphelins », nous devons réaliser qu'il ne les a pas dites dans un orphelinat ! La plupart des personnes qui écoutaient n'étaient pas orphelins au sens naturel du terme. Nous savons que Pierre et André étaient présents. Or ils pêchaient avec leur père quand Jésus les a appelés, par conséquent nous savons qu'ils avaient un père. Jacques et Jean avaient aussi un père. Ils étaient les fils de Zébédée (connus comme les fils du tonnerre). Nous savons que leur mère était vivante puisqu'elle a demandé à Jésus que ses fils soient assis à sa droite et à sa gauche dans le royaume à venir. Elle était une disciple de Jésus, elle croyait qu'il était le Messie et évidemment elle aimait ses fils et voulait le meilleur pour eux. Il est donc clair qu'ils n'étaient pas orphelins.

Seul un petit pourcentage des auditeurs ce jour-là pouvaient réellement être orphelins et pourtant les paroles du Père envers chacun d'eux étaient : « Je ne vous laisserai pas orphelins. Je viendrai à vous. » C'est le message de Dieu à travers les âges qui a été enregistré pour tous les temps.

Notre conclusion est donc que le Père voit *l'humanité entière comme des orphelins. Il nous voit tous comme des orphelins.*

L'ESPRIT ORPHELIN ORIGINEL

Pourquoi Dieu voit-il toute l'humanité comme des orphelins ? Pour comprendre cette vision du monde selon laquelle le monde entier est dans un état « *d'orphelin-ité* », nous devons retourner à son origine.

Examinons Esaïe chapitre 14 qui lève en quelque sorte le rideau et nous donne un aperçu de ce qui s'est passé avant même que l'humanité ne soit créée. C'est une prophétie donnée par le prophète Esaïe au roi de Babylone qui a été une parole d'actualité pour son époque. Cependant de nombreuses prophéties ont plus d'une application et elles peuvent souvent être interprétées à de multiples niveaux.

A partir du verset 12 il est clair qu'il y a une autre application qui remonte bien plus loin que le temps d'Esaïe et du roi de Babylone. En fait certaines versions de la Bible précèdent cette section avec un titre : *La chute de Lucifer.* Plusieurs érudits croient que ce passage traite des origines de Satan.

Ce passage commence ainsi : « *Comment es-tu tombé du ciel, astre brillant, fils de l'aurore ? Te voilà abattu par terre, toi qui terrassais les nations ! Tu disais dans ton cœur…* » Ensuite suivent cinq déclarations qui commencent par les mots « Je ferai ». Nous voyons que la chute de Lucifer commence quand il a décidé dans son cœur « Je ferai ces choses. »

« *Je monterai au ciel, je hisserai mon trône au-dessus des étoiles de Dieu et je siégerai sur la montagne de la rencontre, à l'extrême nord…* » (Esaïe 14:13).

Je ne suis pas tout à fait sûr de la signification de tout cela, mais je comprends l'affirmation « *Je ferai* ». Il a dit « *Je monterai au sommet des nuages* ». Son ambition finale était « *Je me rendrai semblable au Très-Haut.* » L'ambition qui s'est élevée dans le cœur de Lucifer était de remplacer Dieu le Tout-Puissant, de prendre sa place et finalement de devenir comme lui. Il ne disait pas « Je vais me tenir aux côtés de Dieu » mais plutôt « *Je vais me rendre semblable au Très-Haut !* » L'ambition de Satan n'était pas de devenir comme Dieu mais de le remplacer ! Si cela était arrivé Satan lui-même aurait été l'autorité ultime dans tout l'univers.

Je crois que cette ambition a continué à croître chez Lucifer au point où il croyait vraiment avoir réussi lorsque le Prince de la Vie a été crucifié. Il n'a pas compris qu'il y avait (selon C.S. Lewis) une « magie plus profonde » qui opérait et qui entraînerait sa chute et sa défaite ultime.

Le grand point que je veux mettre en exergue ici et sur lequel tout repose, est le suivant : quand Lucifer a nourri sa sombre ambition de remplacer le Très-Haut, ce qu'il disait en fait était « Je n'aurai pas de père au-dessus de moi ! » Dieu est « Père » dans sa nature et le ciel a toujours été rempli de sa paternité. Par conséquent, Lucifer disait en fait « Je ne veux pas d'un père au-dessus de moi, *je* veux être le père. Personne ne sera au-dessus de moi. Je ne suis pas un fils. Je ne suis soumis à personne. »

Il y a un passage très similaire dans Ézéchiel 28:12-19. Cette fois, c'est Ézéchiel qui prophétisait au roi de Tyr et là encore, il y a un autre niveau de signification qui va plus loin que le contexte de l'époque où ces paroles ont été données. Nous avons ici un aperçu de l'origine de toute orphelin-ité. Toujours au sujet de Lucifer, il est dit :

« *...Tu représentais la perfection. Tu étais plein de sagesse, tu étais d'une beauté parfaite. Tu étais en Éden, le jardin de Dieu. Tu étais couvert de toutes sortes de pierres précieuses...* »

En lisant ceci nous voyons que Satan n'a pas été créé comme une créature méprisable. Il était connu comme « Celui qui brillait ». Il était plein de sagesse et d'une beauté parfaite ; « *Tu étais en Éden, le jardin de Dieu. Tu étais couvert de toutes sortes de pierres précieuses.* » Il était paré d'une incroyable beauté, la plus belle de toutes les créatures. Il était aussi rempli de sagesse mais, à cause de son amour pour sa beauté, sa sagesse était corrompue. A l'origine il avait une place tout près du trône de Dieu.

« *Tu étais un chérubin protecteur, aux ailes déployées. Je t'avais installé, et tu y étais, sur la sainte montagne de Dieu, tu marchais au milieu des pierres étincelantes. Tu as été intègre dans ta conduite depuis le jour où tu as été créé, et ce jusqu'à ce qu'on trouve de l'injustice* (iniquité dans le texte anglais) *chez toi.* » (Ézéchiel 28:14-15).

Cette iniquité était l'ambition dans son cœur de remplacer Dieu et de s'en débarrasser. C'était l'ambition de modifier la place qu'avait Dieu dans sa vie pour faire ce qu'il voulait faire et être l'autorité ultime de sa propre vie. C'est encore aujourd'hui la base de tout péché.

Le verset 16 dit : « *A cause de la grandeur de ton commerce, tu as été rempli de violence et tu as péché.* » puis « *Je te précipite de la montagne de Dieu.* » Le verset 17 poursuit « *Ton cœur s'est enorgueilli à cause de ta beauté* ». Notez qu'il n'est pas dit que sa beauté a été retirée. « *Tu as corrompu ta sagesse à cause de ta splendeur. Je te jette par terre... * »

D'autres versions utilisent le terme « Je t'ai expulsé » ou « je t'ai jeté à terre ». Jésus lui-même a vu Satan tomber du ciel comme un éclair. Cela a dû être spectaculaire ! Il a été jeté à terre, hors de la présence de Dieu, jeté de la montagne de Dieu, du ciel en bas sur la terre et il a pris ses anges avec lui.

CHASSÉ DE L'AMOUR DU PÈRE

Je ne sais pas à quoi le ciel ressemble. Je n'y suis jamais allé. Je ne connais que ce que les Écritures en disent. Au ciel nul besoin de soleil ou de lune car Dieu lui-même est la lumière. Dieu remplit les cieux. Et parce que Dieu est amour, les cieux sont remplis d'amour.

Imaginez à quoi cela va ressembler. Nous allons vivre dans un environnement dans lequel chaque respiration sera comme respirer un amour liquide. Nous vivrons continuellement dans un environnement d'amour total. Il n'y aura aucune possibilité de rejet parce que l'acceptation totale sera respirée à chaque seconde. Un amour absolu et omniprésent.

Non seulement le ciel est rempli d'amour mais il est rempli d'un amour spécifique et particulier. Il est rempli de l'amour d'un père parce que Dieu est Père. Tout ce qui existe est né de lui. Nous ne pouvons rien initier. C'est lui qui a initié notre salut et nous avons juste répondu à l'invitation. Il a initié la création et nous ne faisons qu'entrer dans tout ce qu'il nous a donné. Dieu *est* Père par essence même et par nature. Ce n'est pas quelque chose qu'il est devenu. D'abord et avant tout, au-delà de tout et dans le sens le plus profond qui soit, son amour est un amour paternel.

Satan, ayant rejeté Dieu comme père, a été chassé du ciel et jeté hors de toute paternité. Il *voulait* être sans père. L'essence même de son être est *d'être sans père*. Il est orphelin et *veut* être orphelin. C'est pourquoi il n'y a pas de rédemption pour lui. Il a eu la révélation parfaite de la personne de Dieu et il a choisi de le rejeter. Et jeté sur la terre il est devenu l'ultime *esprit orphelin*.

L'apôtre Paul a eu un aperçu de ce dont je parle. Dans Éphésiens 2:2 il écrit : « *Non seulement vous marchiez selon la façon de vivre du monde, mais vous marchiez selon le prince de la puissance de l'air, l'esprit qui travaille dans les enfants de la désobéissance* ». En d'autres termes, avant de devenir chrétien, il y avait un esprit qui travaillait en vous et qui vous dirigeait dans le système du monde. Dans ce système du monde, vous péchiez, viviez en dehors des desseins de Dieu et vous aviez besoin d'être rendus vivants. Le prince de la puissance de l'air vous conduisait dans sa voie de désobéissance et dans ses voies d'orphelin-ité.

LE MONDE EST UN ORPHELINAT

Quand nous comprenons que Satan est un esprit orphelin, nous voyons que les voies de ce monde sont en fait des voies orphelines. Satan a trompé le monde entier. Il nous a conduits sur le chemin de *son* système de valeurs de sorte que le système du monde entier fonctionne selon les voies de l'orphelin. Lorsque nous définissons le péché comme « manquer la cible », c'est en fait manquer le Père et vivre une vie orpheline.

Considérez ce que c'est pour un orphelin de vivre dans un orphelinat et ce que c'est pour un fils de vivre dans un bon foyer avec des parents aimants. Il y a une énorme différence entre les deux.

Laissez-moi décrire quelques-unes des caractéristiques de la vie d'orphelin. La réalité de base d'un orphelin est la suivante. Un orphelin n'a pas de nom. Souvent le nom d'un orphelin est changé ou alors ils sont abandonnés et personne ne connaît leur identité véritable. Ils n'ont pas le sens d'avoir une histoire ni le sens d'où ils viennent. Leur nom ne signifie rien pour eux. Lorsque vous êtes élevés dans une bonne famille votre nom est celui de votre père qui a lui-même celui de son propre père et ainsi de suite en remontant dans le temps. Votre nom est partagé par vos frères et sœurs ce qui crée une identité familiale qui découle du fait de porter le même nom. Dans le monde on voit des gens qui essaient de se créer un nom, qui essaient de devenir importants, de faire quelque chose qui leur donne une place dans la société. L'orphelin-ité n'a rien à voir avec le monde. C'est l'état fondamental du cœur humain.

Même dans l'église on voit l'orphelin-ité se manifester. Nous voyons des gens dans le ministère qui essaient de se créer un nom, de faire « un travail important », qui veulent être impliqués dans « un ministère important ». Je me souviens avoir eu cette même ambition. La motivation derrière cette attitude est que si je fais quelque chose d'important, c'est que *je suis* important. Un des dictons du monde est « si tu veux te sentir important, commence par faire quelque chose d'important. » C'est une caractéristique de l'orphelin. Un fils ou une fille trouvent leur importance dans la famille, dans le fait d'être aimé et chéri simplement pour qui ils sont.

Un autre point au sujet des orphelins : personne ne leur donne jamais rien. Il n'y a pas de cadeaux de Noël ou d'anniversaire. S'il y en a un, il a été donné à l'orphelinat et il est distribué au hasard. C'est donc seulement par hasard que l'orphelin recevra quelque chose qu'il voulait vraiment. Peut-être qu'un petit garçon souhaitait un bateau à voile et qu'il recevra un camion. Les cadeaux sont distribués au hasard, sans signification réelle ni personnelle. Les anniversaires ou Noël ne signifient rien pour un orphelin. La leçon qu'il apprend est – tu ne reçois rien pour rien. C'est l'une des caractéristiques de ce monde. Tu ne dépends que de toi, personne ne te donnera quoi que ce soit, il n'y a pas de « repas gratuit », tu ferais mieux de voir pour être le « numéro un ».

Pour un orphelin il n'y a pas d'héritage, il doit se battre pour obtenir quelque chose. Ne laisse personne te l'enlever, car tu peux être sûr qu'ils vont essayer de le faire ! C'est la vie dans un orphelinat. Les plus grands prennent la nourriture du petit garçon. Le monde fonctionne de cette façon. Il suffit de regarder nos systèmes financiers. Ils disent « c'est juste les affaires, ce n'est pas personnel » mais c'est *très* personnel pour la personne qui est du côté des perdants. Un orphelin trouve très difficile d'être généreux parce qu'il a l'impression que personne ne lui donnera jamais rien et que s'il donne quelque chose, il n'en aura plus. Un fils, lui, a un point de vue différent « mon père est très généreux et extrêmement riche et il donne de bons cadeaux. »

Les systèmes qui gouvernent ce monde sont orphelins. Par exemple saviez-vous que la démocratie n'est pas le Royaume de Dieu ? La démocratie est peut être le meilleur moyen pour des orphelins de gouverner des orphelins dans un monde déchu mais il demeure un système orphelin. Ce n'est pas ainsi que Dieu gouverne son royaume. Malheureusement de nombreuses églises sont dirigées selon les principes de la démocratie. Si l'équipe de direction de l'église a un cœur orphelin, tout le ministère aura un sens d'orphelin-ité. Il imprègne tout.

Prenons un autre exemple : le capitalisme. C'est peut-être la meilleure manière que nous connaissons pour que des orphelins fassent des affaires avec d'autres orphelins mais ce n'est certainement pas un système fondé sur la justice. Il est fondé sur des valeurs orphelines d'achat et de vente pour le profit – et autant de profit que possible indépendamment de ce qui est juste et équitable. Le Royaume de Dieu est différent. Le Royaume de Dieu fonctionne sur le principe de donner *tout* ce que tu as et de *recevoir* tout de Dieu. Si quelqu'un t'oblige à faire un kilomètre avec lui, va plus loin. Si quelqu'un te frappe sur une joue, tends-lui l'autre. Si quelqu'un prend ta chemise, donne-lui aussi ton manteau.

Je ne suis pas contre les affaires. Je ne suis pas contre le fait de faire du profit. C'est ainsi que le monde est dirigé et nous devons y fonctionner, mais nous devons également réaliser que ce n'est pas la façon de faire du Royaume de Dieu. Le Royaume de Dieu a un ensemble de valeurs différent et, autant que nous le pouvons, nous devons fonctionner dans le Royaume de Dieu, opérer selon ses principes. Certaines églises gèrent l'ensemble de leur budget selon les principes du capitalisme et ce fonctionnement les lie ! Dieu peut aller bien au-delà de ce que nous pensons et si nous limitons notre réflexion à ce qui peut être fait dans le système du capitalisme, alors nous limitons ce que Dieu peut faire. Mais quand nous croyons à la provision de

Dieu dans *ses* systèmes financiers, nous passons de l'état d'orphelin à celui de fils !

La différence entre le « non-christianisme » et le christianisme est la différence entre l'orphelin-ité et la filiation.

UN VOYAGE IMAGINAIRE

Je veux vous emmener dans un petit voyage imaginaire avec moi. Je veux que vous essayiez d'imaginer comment c'était quand Adam a été créé. Nous n'avons que quelques mots dans Genèse chapitre 2. Il est écrit « *L'Éternel Dieu façonna l'homme avec la poussière de la terre. Il insuffla un souffle de vie dans ses narines et l'homme devint un être vivant.* » Imaginez que vous êtes un ange regardant Dieu créer l'univers tout entier. A quoi cela aurait-il pu ressembler ?

Je me suis souvent demandé pourquoi Dieu n'avait pas fait l'homme le premier jour afin que cet homme puisse le regarder créer chaque chose. Cela aurait pu être extraordinaire n'est-ce pas ? Pourquoi Dieu a-t-il attendu l'après-midi du sixième jour pour créer l'homme ? La seule raison que je vois est parce qu'*il ne voulait pas que l'homme le connaisse comme un père qui travaille*. Si l'homme avait été témoin de l'acte de création, cela aurait pu lui inculquer la notion d'effort pour travailler et accomplir les choses. Or nous sommes faits pour le repos de Dieu et si nous n'entrons pas dans un lieu de repos à l'intérieur de nous-mêmes, notre relation avec Dieu sera entravée. C'est pourquoi l'Écriture nous dit « *Arrêtez et sachez que je suis Dieu* » (Psaumes 46:11).

Dieu a formé l'homme. Il a créé toute chose par une parole de commandement, mais quand il a formé l'homme, il l'a façonné de la poussière. Il a dû arriver un moment où les anges ont eu le souffle coupé de surprise quand ils ont commencé à réaliser que Dieu faisait une copie de lui-même. C'était une création parfaite.

Pendant qu'il formait cet homme, il vint un temps où le corps fut finalement achevé. Un corps masculin adulte parfaitement formé mais encore sans vie. Dieu a ensuite soufflé dans les narines de l'homme. Il faut être très près de quelqu'un pour souffler dans ses narines. Si vous étiez en train de regarder ça, à quoi cela ressemblerait-il ? *Ce serait comme si Dieu embrassait Adam.*

Quand une maman tient son nouveau-né dans ses bras, il y a un air d'émerveillement absolu et d'admiration sur son visage. Toutes les douleurs de l'accouchement sont oubliées et l'amour, la tendresse et l'émerveillement se fondent dans son expression. Je ne pense pas qu'il y ait une seule femme qui n'ait pas ressenti cela après avoir donné naissance à son premier enfant. Elle sait qu'un miracle incroyable a eu lieu.

Dieu le Père est le parent prototype de tous les temps. Il est le parent ultime et nous sommes des copies de sa personne. Quand il soufflait dans les narines d'Adam, il a amené un fils à la naissance. J'imagine que c'était un des moments les plus incroyables de l'histoire. Si vous aviez pu regarder, vous auriez vu tout l'amour et la tendresse du Père sur son visage.

Que verriez-vous en regardant Adam ? Vous verriez sa poitrine se lever et se baisser à son premier souffle alors que ses poumons se gonflaient. Puis le cœur aurait commencé à battre. Vous verriez une vague soudaine de couleur se propager à travers tout le corps alors que le sang commence à circuler à travers les muscles, les tissus et la peau. Tout se mettrait à fonctionner dans le corps. Peut-être, alors que les muscles commençaient à recevoir de l'oxygène, il y aurait des petits mouvements réflexes des doigts, des orteils et des paupières. Les choses commenceraient à bouger parce que le corps prend vie. Non seulement le corps devient vivant mais le cerveau commencerait à devenir opérationnel. A quoi ressemblerait le travail de la pensée alors qu'il n'y avait encore rien à penser ? Et la mémoire deviendrait opérationnelle mais sans avoir encore de souvenirs ! Rien du tout ! Sa personnalité serait là mais il n'y aurait encore aucun apport. Comme un ordinateur allumé mais sans système d'exploitation. C'est tout simplement vide.

Et le moment est venu où Adam a reçu sa première sensation. A votre avis, quand est-ce arrivé ? Que s'est-il passé qui lui a permis de recevoir sa première sensation ? Je suis persuadé que c'est le moment où il a ouvert les yeux. Quand il a ouvert les yeux, que pensez-vous qu'il regardait ? L'amour s'exprime au travers du toucher, de la voix et au travers des yeux. Les yeux sont une fenêtre de l'âme.

Donc Adam commençait à ouvrir les yeux. Pensez-vous que le Père était parti lire le journal, regarder la télévision ou jouer au football ? Jamais ! Il aimait intensément son fils alors qu'il l'amenait à l'existence. Dieu n'est pas un père à temps partiel. Il est là tout le temps. *Nous*, nous pouvons être préoccupés par d'autres choses mais il n'a rien d'autre qui l'occupe. Nous sommes le centre de sa préoccupation ! Quand Adam a ouvert ses yeux, il s'est retrouvé sous une « chute du Niagara » de l'amour du Père. *Il recevait tout l'amour contenu dans l'univers entier.* Quelle prodigieuse pensée ! Je ne peux pas imaginer ce qu'il a pu éprouver alors qu'il vivait pour sa première expérience de vie l'amour total du Dieu tout-puissant. Adam a su qu'il était totalement et parfaitement aimé par Dieu.

Je pensais être le seul à y avoir pensé mais un jour j'ai réalisé que l'apôtre Paul l'avait vu lui aussi. Quand la véritable importance de ce verset m'est soudainement apparu, j'ai pensé « Paul, vieille canaille ! Tu le savais aussi ! » Écoutez ce qu'il dit :

« ...Je prie que vous soyez enracinés et fondés dans l'amour pour

être capables de comprendre avec tous les saints quelle est la largeur, la longueur, la profondeur et la hauteur de l'amour de Christ et de connaître cet amour qui surpasse toute connaissance, afin que vous soyez remplis de toute la plénitude de Dieu. » (Éphésiens 3:17-19)

Enracinés et fondés dans l'amour. Le fondement même de la vie d'Adam était *enraciné* et *fondé* dans l'amour. N'est-ce pas merveilleux ? L'héritage de chaque chrétien est que nos yeux soient ouverts pour voir l'incroyable amour que le Père a pour nous. Ce n'est pas un ajout supplémentaire au christianisme. C'est son fondement même ! Ce n'est pas un nouveau livre sur l'étagère. C'est l'étagère elle-même ! Ce n'est pas une nouvelle expérience ajoutée à mes autres expériences de vie. C'est la base de tout le lot ! La conclusion fondamentale au travers de laquelle j'interprète tout, c'est que *le Père vous aime.*

Un homme est venu me voir après une réunion il y a quelques années et m'a dit « James tu dis que l'amour du Père est le fondement, mais en réalité… la croix est le fondement n'est-ce pas ? » On ne m'avait jamais posé cette question auparavant et je n'y avais jamais pensé. Mais en une fraction de seconde, j'ai vu quelque chose et j'ai répondu « *La croix est une expression de l'amour du Père. L'amour du Père n'est pas une expression de la croix.* »

Permettez-moi de le dire ainsi. Quand vous êtes né de nouveau, vous plongez dans le puits du salut en rencontrant l'amour de Jésus. Vous plongez plus loin et vous êtes lavés dans le sang ! Vous plongez plus loin et il devient votre Seigneur ! Vous allez plus en profondeur et vous êtes rempli du Saint-Esprit ! Vous allez plus loin et vous êtes capable de faire des miracles. Vous allez encore plus loin et vous entrez dans le ministère et l'onction ! Vous allez de plus en plus profond dans la justification et la sanctification. Ensuite vous arrivez au fond du puits, de là *tout* jaillit. L'amour du Père. C'est ça ! Il est la source. Son amour est l'amour avant tout autre amour.

LE PARADIS

Adam est devenu enraciné et fondé dans l'amour à partir du moment où il a ouvert les yeux. Ensuite Dieu a créé une femme pour lui. Elle n'avait pas un autre nom à ce moment-là. Ils étaient tous les deux appelés Adam. L'amour c'est le fait d'être un. Adam (et Ève) étaient un, tout comme nous désirons ensemble être totalement un. Dieu avait créé un environnement merveilleux dans lequel il les avait placés.

Adam et Ève vivaient dans ce jardin, totalement saturés dans l'amour du Père. Il communiait avec eux chaque jour. Nous avons besoin de comprendre que la relation de Dieu avec Adam était celle d'un père avec son fils. L'Écriture appelle Adam « le fils de Dieu ». J'ai tenté d'imaginer à quoi ressemblait leur vie mais je ne peux pas le comprendre. Ils auraient vécu dans la paix continuelle, une paix *plus profonde* que la paix. Il n'y aurait même pas un mot pour dire la paix parce qu'il n'y avait aucune alternative. Ils vivaient dans la joie complète et totale. Vous auriez pu vous asseoir avec eux et essayer de leur expliquer le concept d'insécurité et ils n'auraient pas pu comprendre de quoi vous parliez. La peur était complètement au dehors de leur cadre de référence. Cette vie dans le jardin d'Éden était innocente, mais dans un autre sens elle était l'incarnation de la maturité. Nous aspirons aujourd'hui à ce qu'ils avaient eux naturellement.

Nous savons que Satan leur a tendu un piège et quand Satan a mis ce piège, il l'a bien fait. Quand j'étais jeune j'ai passé un certain temps en tant que trappeur, vendant des peaux d'animaux pour gagner ma vie. Je posais beaucoup de pièges dans la forêt et je sais très bien qu'il faut les rendre attrayants. Vous n'attraperez rien si un piège semble dangereux à l'animal que vous essayez d'attraper. Il doit avoir l'air *mieux* que la normale et paraître plus attrayant que l'ordinaire. Alors la proie se fera prendre par ses propres actions.

La première partie du piège de Satan était de promettre à la femme que si elle mangeait de l'arbre elle serait comme Dieu. Ève *aimait* Dieu. Combien d'entre nous ont prié pour que Dieu nous rende semblable à Jésus. Pourquoi priez-vous ainsi ? Parce que vous l'aimez ! L'amour veut ressembler et être incorporé à ce qu'il aime. Bien sûr qu'elle était intéressée par la promesse de Satan. Elle voulait être comme son Père. Elle *aimait* Dieu.

Alors Satan lui a montré que le fruit était beau. Je sais une chose, c'est que les femmes aiment la beauté. J'ai séjourné dans des maisons habitées seulement par des hommes et elles n'avaient aucune beauté, elles étaient juste fonctionnelles. Les femmes aiment la beauté.

Ève regarda le fruit et vit qu'il était beau. Elle vit qu'il était bon à manger. On peut être comblé de bien des façons, mais l'un des moyens les plus communs est de préparer et d'offrir de la bonne nourriture. Prendre soin et nourrir la famille peut être une expression d'amour. Ève a tendu la main, a pris le fruit et l'a mangé. Que s'est-il passé quand elle a mangé le fruit ? *Rien du tout.*

Adam et Ève étaient si unis qu'ils ne pouvaient même pas pécher individuellement. Ce n'est que quand *lui aussi* a mangé le fruit que les yeux des deux se sont ouverts et le piège s'est refermé … BANG ! Il n'y avait pas de retour possible. Ils ne pouvaient pas s'échapper. ils ont été comme coulés dans le béton. Les conséquences étaient inéluctables. Je ne crois pas qu'ils avaient la moindre idée des conséquences qu'ils allaient subir. Ils savaient que s'ils mangeaient le fruit ils mourraient, mais c'est probablement la moindre des conséquences en ce qui les concerne.

L'unité entre eux avait disparu. « *Adam appela sa femme* Ève, *car elle devait être la mère de tous les vivants* ». (Genèse 3:20). C'est là qu'Ève obtient un nom distinct. Ils sont devenus deux alors que précédemment ils avaient été un. C.S. Lewis a fait remarquer qu'une épée était venue entre les deux sexes ce jour-là, une épée d'inimitié entre le masculin et le féminin, qui doit encore être restaurée. Dieu a alors fait des tuniques en peau de bêtes pour les vêtir. Maintenant ils sont témoins de l'effusion de sang. « *L'Éternel Dieu dit : Voilà que l'homme est devenu comme l'un de nous pour la connaissance du bien et du mal. Maintenant empêchons-le de tendre la main, de prendre aussi du fruit de l'arbre de vie, d'en manger et de vivre éternellement !* » (v. 22). Puis il les bannit du jardin.

Pris au piège le péché est maintenant devenu leur maître. Le problème avec le péché est qu'il prend le dessus sur vous et vous ne pouvez pas y échapper par vous-mêmes. Le péché vous maitrise. Ce n'est qu'au travers du sang de Jésus que le pouvoir du péché peut être brisé. Vous ne pouvez pas briser le pouvoir du péché en décidant de vivre différemment, mais quand le sang de Jésus est appliqué, vous êtes libérés de l'emprise du péché. Adam et Ève sont entrés dans le péché, mais le sang de Jésus n'avait pas encore été pourvu.

DEUX OPTIONS TERRIBLES

Dieu avait une décision incroyable à prendre ? Rappelez-vous qu'il les aimait et il voulait seulement le meilleur pour eux. Mais maintenant ils se sont engagés dans une voie où il n'y a que deux possibilités. Il peut soit les envoyer loin soit les laisser dans le jardin pour vivre à jamais en tant que pécheurs.

Dieu regardait Adam et Ève alors que le poids du péché descendait sur eux. Ils allaient maintenant sombrer dans un désespoir grandissant et porter un fardeau de culpabilité croissant. Leurs personnalités allaient pourrir à l'intérieur, saisies par la cupidité, l'insécurité et la peur. La seule chose à laquelle je peux penser, qui donne une idée de ce à quoi ça ressemblait, serait le personnage Gollum dans le film

« *Le seigneur des anneaux* ». Cette créature s'était emparée de quelque chose de puissamment maléfique. Il ne pouvait pas la laisser partir, ne pouvait pas arrêter de la poursuivre même si cette chose le détruisait de l'intérieur. Gollum devint une créature grotesque semblable à un ver, dégradée par rapport au sens originel de sa vie et cette dégénérescence avait un effet continu sur lui.

Je crois qu'en regardant Adam et Ève, Dieu a réalisé qu'ils avaient déjà commencé un processus de dégradation. Et le cœur du Père a dit « Nous ne pouvons pas laisser cela continuer éternellement ! Sinon, dans dix mille ans ils seront encore en vie et *encore en train de se dégrader* ! Nous ne pouvons pas leur permettre de continuer à manger de l'arbre de Vie. Nous devons les bannir du jardin. Nous devons les empêcher d'avoir accès à l'arbre de Vie ! » Alors il leur a dit « C'est fini. Vous devez partir ! »

Ce que Adam et Ève ont pu ressentir en entendant ces mots dépasse l'imagination. Ils ne pouvaient pas blâmer Dieu pour leur situation difficile. Le fait qu'ils soient les seuls responsables n'a fait qu'aggraver leur désespoir. Dieu est venu à eux comme un Père aimant. Il ne les bannissait pas par vengeance ou par punition. Le choix de les renvoyer était le moindre de deux maux. Lorsqu'il les a bannis, Adam et Ève étaient probablement les personnes au cœur le plus brisé que le monde ait jamais connues.

Il y a deux choses différentes qui déterminent l'ampleur de la douleur éprouvée lorsque quelqu'un vous brise le cœur. Premièrement, plus l'amour que vous avez connu est grand, plus la douleur sera grande. Adam et Ève avaient été aimés par le plus grand amour de l'univers !

Deuxièmement, si votre cœur a été brisé auparavant généralement la fois d'après vous le ressentez un peu moins. Avant cela Adam et Ève n'avaient jamais ressenti de douleur. Ils ne savaient pas ce qu'était la douleur. Et à ce moment précis, je crois qu'ils vivaient la plus grande douleur émotionnelle jamais ressentie. Ils étaient les personnes les plus tristes et les plus désespérées que le monde ait jamais vues. Puis Dieu les a poussés vers la porte du jardin. Il semble que les jambes d'Adam et Ève ne pouvaient pas les porter hors du jardin et que le Père ait dû les forcer physiquement à sortir. Il ne l'a pas fait pour les punir. Il ne l'a pas fait parce qu'il les rejetait. Il l'a fait *parce qu'il les aimait.*

Dieu n'a jamais rien fait qui n'était pas une expression de son amour et il les a chassés *parce qu'*il les aimait. Je peux les imaginer traînant les pieds, essayant de prolonger les moments dans le jardin parce que pour la première fois ils commençaient à ressentir de la peur. Ce serait comment là-dehors ? Que voulait-il dire en parlant de la terre qui produirait des épines et des chardons et qu'ils devraient travailler à la sueur de leur front ? Est-ce que cela signifiait qu'il ne pourvoirait plus ?! Tout ce dont ils avaient besoin était dans le jardin. Comment vivraient-ils ? Ils auraient à construire une vie différente pour eux-mêmes. Ils ne verraient plus jamais Dieu comme ça. La vie telle qu'ils la connaissaient était finie !

LA RACE HUMAINE DEVIENT ORPHELINE

Alors qu'il les chassait du jardin, ce qui se passait réellement c'est que Dieu les poussait hors de la capacité à expérimenter son amour. Ils n'auraient plus jamais l'expérience de son amour. Le péché crée toujours une séparation et maintenant leur péché les séparait de lui. Ils ont dû savoir, alors qu'ils quittaient le jardin, que la relation qu'ils avaient connue était terminée. En quittant le jardin ils sortaient de l'environnement de l'amour du Père et devenaient plus semblable à celui qui avait été chassé du ciel. Ils devenaient sans père. Toute la race humaine, y compris vous et moi, était en eux alors qu'ils sortaient du jardin. *En eux toute la race humaine devenait orpheline.*

Quelque chose d'encore plus sinistre se produisait pour aggraver leur misère. Celui qui avait été jeté sur la terre comme un éclair a commencé à créer une tromperie. Une alliance impie commença à se développer entre l'esprit orphelin chassé du ciel et le cœur orphelin de cet homme et de cette femme qui étaient maintenant totalement ignorant de la façon de vivre à l'extérieur du jardin. Ainsi Satan a commencé à conduire la race humaine dans le mensonge depuis ce jour, tout au long de l'histoire, jusqu'à aujourd'hui. Nous avons tous marché dans ses voies, comme dit Éphésiens 2:2. Le monde est devenu une société orpheline. Être sauvé, rempli de l'Esprit-Saint et connaître intimement Jésus ne changera pas cela. Seul un père peut éliminer l'orphelin-ité !!

Pendant longtemps je n'ai jamais réfléchi à ce que cela a dû être pour Dieu. Il les avait aimés avec un amour parental et il savait ce qui se passerait. Il savait que la cupidité allait désormais s'emparer du cœur humain et que chaque personne se retournerait contre l'autre. Il voyait l'épée entre les sexes, la barrière invisible entre l'homme et sa femme alors qu'ils quittaient le jardin. Ils étaient maintenant orphelins dans le sens le plus complet du terme.

Il y a quelques années j'étais à Saint-Pétersbourg en Russie. C'était en novembre et il faisait un froid glacial. Un soir alors que je me promenais un petit garçon d'environ neuf ans m'a dépassé en courant. Il ne portait rien d'autre qu'un short en coton et une chemise à manches courtes en coton. Il avait les pieds nus, les jambes sales et les cheveux non coupés et il portait un petit sac de bâtons sur son épaule. J'ai supposé qu'il allait allumer un feu quelque part pour se réchauffer. Alors qu'il me dépassait en courant, il s'arrêta et me regarda par-dessus son épaule. Je n'oublierai jamais l'image de son visage. C'était comme voir le visage d'un homme d'âge moyen sur un jeune garçon ! Le regard sur son visage disait « Qu'allez-*vous* me faire ? » Puis il s'est retourné et a continué à courir. Il y a beaucoup d'enfants comme ça dans le monde. Il y a tant de souffrance dans le monde. Une souffrance qui dépasse ce que nous pouvons imaginer.

Le Père savait déjà ce qu'il adviendrait alors qu'il regardait Adam et Ève sortir du jardin et entrer dans cette vie orpheline. Mais il savait aussi que c'était mieux que l'alternative qui était de vivre à jamais cette dégénérescence. Et je crois qu'un grand cri a commencé à s'élever dans le cœur du Père à ce moment. Un cri d'agonie. Je sais une chose en tant que père, quand mes enfants souffrent je préférerais que ce soit moi. Il est plus difficile de voir ses enfants souffrir que de souffrir soi-même. Il est presque insupportable de voir ses enfants souffrir et de ne pas pouvoir faire quoi que ce soit. Et voici un père qui envoie ses enfants au-dehors, sachant que la souffrance viendra inévitablement. Je suis persuadé qu'un cri est monté des profondeurs de son être. Au fur et à mesure que le monde avançait et que la souffrance augmentait ce cri est devenu de plus en plus intense. Il pouvait voir tous ses enfants, toute la race humaine dans une vie de souffrance. Son cœur de Père leur a tendu la main, sachant qu'ils oublieraient bientôt même qu'il (le Père) existait et qu'il les aimait.

LE PLAN DE SAUVETAGE

De son cœur de compassion absolue, Dieu a envoyé des personnes pour leur dire son amour. Il a envoyé des législateurs et des juges, il a envoyé des rois et des prêtres pour exprimer son cœur et leur montrer une façon de vivre libre de toute souffrance. Il a appelé une nation à être un témoin mais tout cela était insuffisant. Toute la race humaine se perdait dans une vie orpheline de souffrance, faisant l'expérience de la solitude et du brisement à des niveaux extrêmes. Dieu voyait ses enfants souffrir et un grand cri jaillissait en lui. Il a envoyé des prophètes. Il a envoyé des mères d'Israël. Il a envoyé des psalmistes et des poètes qui pourraient transmettre avec éloquence ses paroles. Cependant aucun d'eux ne pouvait parfaitement exprimer son cœur. Pas un seul !

Finalement il envoya son propre Fils, qui serait la parfaite représentation de lui-même, son image exacte – son Fils, qui non seulement dirait ce qu'il voulait dire mais qui *le dirait exactement de la manière dont il voulait que ça soit dit*. Il a envoyé Jésus ! Jésus le Fils est venu dans le monde, totalement déconnecté du système orphelin et il a commencé à vivre une vie de fils. Il était libre de la tromperie d'orphelin qui a infecté tout le genre humain. Il est venu comme un fils ! Ses paroles, qui venaient de quelqu'un ayant un Père parfait, émerveillaient le monde. Lui, libre de l'effet du péché, a pu étendre cette liberté aux autres. Il a distribué sa liberté sur la maladie et sa liberté envers Satan. Il pouvait rassurer un pécheur que ses péchés étaient pardonnés. Il a ordonné aux boiteux de se lever et de marcher. Il a craché sur les yeux des aveugles et ces derniers repartirent en voyant. Il est venu sur terre totalement libre de la nature orpheline et déchue du monde pour nous montrer à qui ressemble le Père, pour redonner au monde la connaissance que *le Père nous aime continuellement*.

Dans les derniers jours, avant qu'il ne soit tué par le monde, il a été *enfin* capable de dire ce qui bouillait dans le cœur de son Père comme un volcan depuis des générations. Il a *enfin* pu exprimer ce que son Père voulait qu'il exprime. Ce cri qui était dans le cœur du Père depuis qu'Adam et Ève étaient sortis du jardin pour vivre une vie privée de père, trompés par l'esprit orphelin de celui qui a été jeté hors du ciel dans les temps anciens.

Enfin Jésus a pu exprimer directement du cœur du Père les paroles que le Père lui a dit de dire, de la manière dont son Père voulait qu'il l'exprime :

« *Je ne vous laisserai pas orphelins mais je viendrai à vous !!* »

Alors que le Père les voyait sortir du jardin vers cette orphelin-ité, il a dû rester en arrière. Mais il a envoyé son Fils démolir tout ce qui se tient entre lui et nous et il fait la promesse suivante « *Je serai pour vous un père et vous serez pour moi des fils et des filles, dit le Seigneur tout-puissant !* » *(2 Corinthiens 6:18)*. Cette orphelin-ité présente sur la race humaine dans son ensemble ne peut être chassée. Ce n'est pas démoniaque en soi. C'est l'état du cœur *humain*. Mais quand le cœur humain rencontre le Père il n'est plus orphelin. Et les manières de faire orphelines commencent à disparaître.

Jésus n'est pas la porte pour aller *au* ciel. *Il est la porte pour que le Père vienne à nous !* Le voile dans le temple qui a été déchiré du haut vers le bas n'était pas pour qu'on puisse entrer. *Il était déchiré pour que Lui puisse sortir !* Il l'a déchiré, il est sorti et à ce moment-là tout l'édifice religieux s'est effondré ! Le royaume d'Israël a disparu. En moins de quarante ans, le temple était détruit et la lignée royale de David avait disparu ! A cet instant le Père sort du temple pour être un père pour le monde entier !

L'évangile se résume simplement ainsi. Il s'agit d'un père qui a perdu ses enfants et qui veut qu'ils reviennent à lui.

Il a envoyé son Fils pour nous ramener à la maison. Il a dit « Fils va et ramène-les à la maison. Tous ceux qui veulent venir, ramène-les à la maison ! » L'œuvre de l'Esprit de Dieu est de nous sortir de l'orphelin-ité pour nous ramener dans la relation père-fils. Jésus est venu comme le Fils pour devenir le chemin vers le Père. En devenant un fils vous pouvez connaître le Père de plus en plus. C'est ça le christianisme ! N'est-ce pas merveilleux ? Je peux à peine croire qu'il soit si bon ! Son intention est d'être un Père pour nous et de bannir nos façons de faire orphelines. Il nous ramène, nous ses enfants, à la maison à nouveau pour être avec lui.

CHAPITRE 7

Le secret de la filiation

~

Depuis que j'étais un jeune chrétien on m'a dit que je devais grandir et devenir mature. Dans notre christianisme nous essayons de devenir fort, instruit, compétent et confiant – alors que le Seigneur tente de nous faire revenir à l'état d'enfant. Dans le monde nous devons nous instruire pour survivre et réussir mais selon la règle de Dieu, nous devons devenir comme des petits enfants. Pendant des années j'ai essayé de faire toutes ces choses difficiles jusqu'à ce que je découvre de quoi il s'agissait *vraiment*.

Le Seigneur a radicalement changé toute notre perspective de la vie chrétienne. Quand nous avions une trentaine d'années Denise et moi-même étions pasteurs d'une petite église dans une ville de Nouvelle-Zélande. C'était la deuxième fois que nous prenions soin d'une église et nous étions très occupés. Nous passions nos soirées et nos week-end à conseiller des personnes. A un moment donné, nous n'avons pas été au lit avant minuit pendant deux semaines d'affilée. Nous avions également la vision de construire un centre de ministère.

Un ami avait reçu un terrain de plus de quatre mille mètres carrés et nous avions déménagé à cet endroit pour l'aider à construire ce centre. Nous avons construit des maisons, installé des lignes électriques et des systèmes d'égouts et amélioré la route de campagne pour accéder au site.

Puis le Seigneur nous avait parlé de construire là une grande maison de huit chambres. Nous avons prié pour le quart de million de dollars nécessaire pour la construction. En plus de tout cela je commençais à recevoir des invitations pour prêcher en dehors de la Nouvelle-Zélande ; ainsi pendant quatre ans, nous avons été extrêmement occupés à faire l'œuvre du Seigneur. Du lever au coucher (et en priant pour recevoir des rêves pendant la nuit), nous vivions, mangions, respirions et dormions le royaume de Dieu. Nous faisions tout ce que nous pouvions, nous efforçant de faire l'œuvre de Dieu.

Puis soudain, il y a eu un changement. Un matin, j'attendais devant la porte que Denise descende pour partir à l'église. Quand elle est arrivée au bas de l'escalier elle s'est soudainement assise et s'est mise à pleurer. Les personnes qui connaissent Denise savent qu'elle ne pleure pas pour rien. Si elle pleurait, c'est qu'il devait y avoir quelque chose de vraiment grave. Avait-elle reçu un coup de fil annonçant une mauvaise nouvelle ? Elle pleurait si fort qu'elle ne parvenait pas à me dire pourquoi elle pleurait. Je n'arrêtais pas de lui demander « Qu'est-ce qui ne va pas ? » mais elle n'arrivait pas à parler. Tout ce qu'elle réussit à me dire à la fin fut « *Je ne peux tout simplement pas affronter ces gens une fois de plus.* »

L'ÉPUISEMENT

Nous étions émotionnellement épuisés après dix-sept ans de service pour le Seigneur à plein régime. Nous vivions, mangions et respirions la vie du ministère. J'enseignais dans des écoles de Jeunesse en

Mission, nous passions du temps dans la prière pour avoir les finances nécessaires à tous nos différents projets, nous avions accepté des invitations pour prêcher en Asie du Sud-Est, en Corée, aux États-Unis et au Canada ainsi que dans les îles du sud du Pacifique. Nous faisions tous nos efforts pour servir le Seigneur mais soudain nous sommes rentrés dans le mur.

C'est arrivé en 1988. J'ai décidé que nous ne pouvions pas rester dans le ministère, vu l'état de Denise. A l'époque je pensais que je m'en sortais bien. J'avais des invitations pour prêcher dans quatre écoles de Jeunesse en Mission en Australie, c'est pourquoi nous avons annoncé à l'église que nous allions faire une pause de six mois, honorer nos engagements en Australie et prendre du temps libre. Mais dès que nous sommes arrivés en Australie c'est *moi* qui ai commencé à pleurer ! Je m'asseyais sur le canapé pendant des heures, à regarder fixement le sol tandis que les larmes coulaient sur mon visage. Nous étions émotionnellement épuisés.

A cette époque, Ken Wright et son épouse Shirley sont venus nous voir. C'est lui qui m'avait baptisé, c'était l'un des hommes dont j'aurais pu dire au Seigneur que j'étais le fils. Alors qu'ils s'apprêtaient à quitter la maison Ken monta dans la voiture, descendit la vitre de quelques centimètres pour dire un mot. C'était une bonne idée de faire ainsi car ce qu'il m'a dit m'a donné envie de le frapper. Avec une lueur dans ses yeux, il me dit « Bien sûr tu réalises, n'est-ce pas James, que seule ta chair peut s'épuiser ». Or nous étions complètement épuisés.

Quand j'ai entendu Ken prononcer ces mots, une colère est montée en moi « Je n'ai pas travaillé dans la chair ! Nous avions prié pour *tout* afin d'agir dans la puissance de l'Esprit, cherchant à tout faire par la puissance de Dieu ! » Comment pouvait-il dire une chose pareille ? Le problème c'était que ce qu'il avait dit était incontestable. Je ne pouvais pas dire que j'étais épuisé si tout était l'œuvre du Seigneur et tout par sa force. Si vous arrivez à un état d'épuisement, c'est un indicateur clair que beaucoup de « *vous* » s'est impliqué dans l'œuvre. C'était quelque chose de difficile pour moi à accepter. Tout dans ma vie, en ce qui concernait le service pour le Seigneur était motivé par le désir que le Seigneur agisse par *sa* puissance et par *son* Esprit. Nous chantions toujours ce chant « *Ni par puissance ni par force mais par mon Esprit, dit le Seigneur* ». J'ai découvert que beaucoup de gens chantent le cantique et ensuite vont et utilisent leur propre force et leur propre puissance pour faire l'œuvre de Dieu. Chanter le cantique ne changeait pas grand-chose.

Et ainsi, avec toutes nos occupations, nous étions arrivés à un état d'épuisement total. Nous avons cessé le ministère pendant deux ans. Nous avons tout arrêté. Nous étions complètement « hors service ». Denise pensait que nous ne reviendrions plus jamais à un quelconque ministère et moi je n'avais pas la moindre idée de ce que je pourrais faire de ma vie s'il en était ainsi. Pendant deux ans nous n'avons fait que très peu. Nous avons essayé certains travaux, mais même les choses les plus simples s'avéraient trop difficiles. Réfléchir logiquement pendant une demi-heure était très difficile. Une tâche simple comme tondre la pelouse me demandait un effort extrême. Je ressentais régulièrement le besoin d'aller dormir après l'avoir fait. Non pas que j'étais physiquement fatigué mais parce que j'étais mentalement épuisé par l'effort.

Tout au long de cette expérience, j'ai commencé à réexaminer plusieurs choses de la vie chrétienne. Je m'étais toujours fixé comme priorité de remplir toute obligation ou fonction, dans mes moments de temps calmes privés, mes préparations de sermons et de visite aux malades. Quand j'étais pasteur un flot continu de personnes venait dans mon bureau partager leurs problèmes avec moi. Ils sortaient déchargés de leurs problèmes, mais ils avaient laissé leurs problèmes *avec moi*, et maintenant *c'est moi* qui portais les problèmes alors qu'eux se sentaient mieux. Cela n'a cessé de s'accumuler au fil des années jusqu'à ce que je ne puisse plus faire face. J'ai commencé à penser qu'il devait y avoir un meilleur moyen.

PRESSION POUR GRANDIR

Deux ans plus tard j'ai reçu une invitation d'être le pasteur d'une petite église charismatique baptiste à Auckland. Je suis parti rendre visite aux membres de cette église et je leur ai parlé de mon état de santé. Je leur ai partagé ce que mon médecin et mes amis proches disaient à mon sujet. Ils m'ont répondu, « Nous ne vous demanderons pas de faire beaucoup de choses. Si vous pouviez nous accorder quelques jours par semaine cela serait un bon commencement. » Ils nous témoignaient tellement de gentillesse. Nous avons passé les sept années suivantes au milieu d'eux ; ils nous ont guéris et nous les avons guéris car ils sortaient d'une période difficile après que leur pasteur et l'équipe d'anciens les aient abandonnés.

En 1994 j'ai entendu parler de l'effusion de Toronto donc je suis parti au Canada et j'ai été profondément touché par ce que Dieu faisait là-bas. J'avais le sentiment qu'une nouvelle vie m'était insufflée. Je pouvais sentir la bénédiction du Seigneur et je ressentais que nous commencions un nouveau jour. Puis, en 1997, nous avons acheté un billet d'avion pour faire le tour du monde afin de voyager avec Jack Winter et voir ce que Dieu pourrait faire au travers de nous. Nous n'avons pas défait nos valises pendant les quatre années et demie qui ont suivi et nous continuons à voyager aujourd'hui encore dans ce ministère, vivant cette nouvelle dimension.

Quand je suis devenu chrétien, le message prédominant qui m'était enseigné ressemblait à ceci,

« Maintenant que tu es devenu chrétien, tu dois grandir dans le Seigneur. Maintenant il faut que tu sois mature. Tu dois prendre la victoire, frère ! Quoi qu'il arrive, tu dois faire une percée. Tu dois chercher Dieu et le trouver au sein de la situation pour devenir un vainqueur ! » etc... etc...

Il y avait donc cette pression continue pour devenir mature. A l'époque nous chantions un chant particulier que je détestais chanter. Beaucoup des paroles de ce chant étaient tirées des Écritures, mais il y avait une phrase qui déformait le sens de tous les versets qui étaient dans le chant. Je m'excuse auprès de la personne qui l'a écrit, mais le chant ressemblait à quelque chose comme « *Je suis un conquérant, je suis victorieux, je règne avec Jésus, je suis assis dans les lieux célestes avec lui* ». Tout cela est conforme aux Écritures. Mais ensuite il y avait cette phrase que je ne pouvais pas chanter. Elle disait « *Je ne connais aucune défaite, seulement la force et la puissance* ». Je sais que c'est supposé être une proclamation positive, mais si je devais le dire ce serait un mensonge parce que j'avais connu beaucoup de défaites dans ma vie et pas seulement de la force et de la puissance.

Le message était constamment rappelé,

« Tu dois parler de façon positive. Tu ne peux permettre à aucune pensée négative d'entrer car tu es un vainqueur ! Tu dois marcher dans la foi et tenir bon jusqu'à la victoire. Tu dois te ressaisir, devenir compétent et rempli de foi. Tu dois connaître la Parole, écouter tous les messages, écouter tous les prédicateurs et lire tous les livres. Tu dois devenir le chrétien qui a tout juste, l'homme de Dieu mature ! »

Il y avait cette phrase : « Quand tu deviens chrétien, tu dois vraiment te reprendre ! » Je réalise maintenant que même si tu te ressaisis, c'est juste du cinéma ! Beaucoup de nos discours positifs sont plus des fanfaronnades que de la foi. Si nous pouvons être honnêtes sur notre état réel au lieu de nier les réalités, nous pouvons gagner beaucoup de terrain spirituellement. Beaucoup des choses qu'on nous a appris à faire étaient une sorte de déni, et le déni n'est pas la victoire.

LE CHEVALIER SUR LE CHEVAL BLANC

Il y a quelques années j'ai eu une vision qui a changé ma vie. Je me tenais debout dans une forêt séculaire. Je savais qu'elle était ancienne car les arbres étaient d'énormes chênes avec de grandes branches. Ce n'était pas sans me rappeler la forêt de Sherwood dans l'histoire de Robin des bois. J'étais là sur le sol herbeux de la forêt et tandis que je regardais, j'ai soudain vu que je me tenais sur une vieille route qui n'était plus utilisée. Elle était envahie par l'herbe. Je pouvais en voir le contour disparaître à travers les arbres. Et là j'ai remarqué que quelque chose venait vers moi à travers les arbres.

Alors que la chose approchait je pouvais voir que c'était un cheval blanc monté par un chevalier médiéval. Son armure était brillante, d'un blanc translucide ou argent. Le chevalier brandissait une épée dans les airs montrant le plat de la lame plutôt que dans une position d'attaque. Son autre bras était tendu avec une main ouverte. C'était étonnant de voir qu'il ne tenait pas les rênes ! Alors qu'il approchait, je pouvais voir que le cheval *dansait*. Quelques pas en avant, quelques pas en arrière, quelques pas d'un côté, quelques-uns de l'autre côté. Il répétait ce mouvement encore et encore. Il n'y avait pas de précipitation. Le chevalier était juste assis là avec les mains levées et tenant l'épée.

Le chevalier s'approchait lentement de moi sur son cheval qui dansait et mes yeux commencèrent à identifier plus de mouvements. Dans l'obscurité de la forêt des gens se dirigeaient vers la route. L'éclat de la lumière qui entourait le cheval et le cavalier pénétrait l'obscurité de la forêt. Des gens pleuraient, d'autres riaient. Certains étaient blessés et rampaient vers la lumière et étaient en train d'être remplis de joie. Certains dansaient comme des petits enfants se tenant la main et faisant des rondes. Certains s'agenouillaient sur le côté de la route, leurs mains levées alors que le chevalier passait, adorant le Seigneur. Le chevalier n'était pas le Seigneur mais il portait la gloire du Seigneur et elle vibrait hors de lui dans les ténèbres de la forêt.

Soudain je me suis rendu compte que j'étais debout en plein milieu de la route. Mais je n'avais rien à craindre et je n'avais pas l'impression que je devais m'écarter pour les laisser passer. Je restais là et le cheval s'est approché de moi et s'est arrêté. Le chevalier avait la visière abaissée sur son casque de sorte que son visage était caché. Il semblait que je ne l'intéressais pas et qu'il ne m'avait pas remarqué. Il était juste assis là sans faire aucun mouvement. Alors j'ai senti intuitivement que j'étais invité à mettre mon pied dans l'étrier où était celui du chevalier. J'ai donc mis mon pied dans l'étrier par-dessus le pied de l'armure et je me suis hissé pour être debout à côté de lui. Il n'avait en rien changé sa position. Son épée était toujours levée et sa main tendue. Je le regardais mais je ne pouvais pas apercevoir son visage à cause de la visière baissée et la fente de la visière était si étroite qu'elle ne laissait rien entrevoir.

J'ai levé la visière pour voir son visage. Mais quand j'ai soulevé la visière il n'y avait pas de visage ! Aucun visage. Alors j'ai enlevé le casque et à mon grand étonnement il n'y avait pas de tête ! Ensuite j'ai regardé dans l'armure en bas le cou et assis à l'intérieur de l'armure il y avait un petit garçon – juste un petit garçon ! Celui-ci avait un grand sourire sur le visage comme pour dire « *C'est la blague du siècle ! Je suis juste assis sur ce cheval et nous dansons et toutes ces choses se passent autour de moi et les gens viennent vers le Seigneur, des gens sont touchés, sauvés, guéris et bénis et tout ceci arrive – et ils pensent que je suis un grand chevalier de Dieu. Mais je ne suis qu'un petit garçon !* » Quand j'ai vu le visage de ce petit garçon avec ce grand sourire, pour la première fois de ma vie j'ai commencé à comprendre ce qu'était le ministère chrétien.

L'Église est une fête

Au fil des ans, l'église a été décrite de différentes manières. Elle a été dépeinte comme une armée. Quelqu'un a même écrit un livre intitulé *La mariée avec des bottes de combat*. Même si je n'ai jamais lu le livre je dois admettre que je n'aime pas ce titre. Imaginez que vous alliez à un mariage et la musique commence à jouer pour que la mariée avance dans l'allée... Voici venir la mariée... clap, clap, clap, clap. Les invités du mariage se retournent pour voir la mariée s'avancer, ses bottes de combat frappant sur le sol en pierre. Je ne peux pas me résoudre à croire en cette description de la mariée.

Nous avons pensé que l'église est une armée et que tout le monde doit se mettre en marche avec une précision militaire. L'église est une étendue plus variée de dons et de libertés que tout ce que nous avons jamais rêvé. L'église n'a jamais été prévue pour rendre tout le monde semblable. C'est un endroit où l'individualité peut être pleinement exprimée en harmonie parfaite avec les autres. L'église est une symphonie de dons sous la direction du Saint-Esprit. Certains ont décrit l'église comme un hôpital dans lequel nous sommes tous allongés dans des lits jusqu'à ce que nous soyons réparés. C'est une idée répandue dans certains cercles d'églises mais j'ai découvert la vérité. Savez-vous ce que l'église est *réellement* ? *C'est une fête.*

En tant que jeune chrétien j'étais constamment exhorté à sortir pour sauver le monde. Le monde a besoin d'être sauvé bien sûr ! La réponse c'est Jésus. Cependant, ce n'est pas ma connaissance et ma compréhension (*même* du christianisme) qui sauvera le monde. Lorsque je suis sorti de cette période de burnout les gens venaient me voir pour me parler de leurs problèmes. En les écoutant, je n'arrêtais pas de me répéter intérieurement « Ce n'est pas mon problème, je n'ai pas à le régler ». Je priais que le Seigneur les aide et leur fasse du bien parce que je ne pouvais pas prendre ce fardeau sur moi. Il y a des choses qui arrivent dans notre vie qui sont principalement entre le Seigneur et nous. Les gens peuvent vous aider, mais ne peuvent pas vous porter. Ainsi j'ai appris comment ne pas me laisser écraser par ces choses et rester comme un petit enfant.

COMME DES ENFANTS

J'ai découvert une caractéristique particulière chez les hommes et les femmes de Dieu. Les gens les plus merveilleux et les plus semblables à Christ sont aussi ceux qui sont le plus comme des enfants. Jack Winter était incroyablement comme un enfant. Il croyait juste la Bible et, en conséquence, il a vu Dieu faire beaucoup de choses extraordinaires.

Jack avait une intercessrice qui s'appelait Amy qui priait pour lui et qui par la suite a intercédé pour nous. Elle avait quatre-vingts ans la première fois que je l'ai rencontrée. Elle est venue en Nouvelle-Zélande et elle a intercédé en langues pour moi pendant deux semaines, huit heures par jour. C'était sa mission. Elle avait amené une amie avec elle et elles allaient dans cette petite pièce, fermaient la porte et nous entendions les bruits les plus incroyables sortir de cette pièce. Elles priaient avec une grande autorité. Cependant, quand elle arrêtait de prier et sortait de la pièce pour partager le repas avec nous elle ressemblait à une fillette de trois ans ! Elle plaisantait tout le temps. C'était tellement amusant d'être avec elle et son rire avait une pureté innocente sans sophistication. Tout comme un petit enfant ne sait pas comment être sophistiqué ou digne, elle ne l'était pas. Elle était comme une petite fille.

On nous a tellement dit qu'il nous fallait grandir. On nous a dit que l'on devait devenir compétent et mature, plein de foi et de puissance. On nous a dit qu'il fallait apprendre toutes les leçons et accumuler de la connaissance afin de pouvoir toujours apporter des réponses aux questions des gens. Les prédicateurs me disaient souvent « Si l'église faisait vraiment son travail, nous ferions ceci et cela parce que notre responsabilité est de réparer ce monde ». Savez-vous où Il nous a trouvé ? Il nous a trouvé dans les égouts, sous les haies et dans les ruelles – certains littéralement. Nous avions des vies brisées et gâchées. Nous ne sommes pas les nobles de ce monde. Ce n'est pas nous qui avons tout en main. C'est nous qui sommes sans espoir, ceux qui ne peuvent rien faire de bien. Il m'a trouvé sous un arbre quelque part dans le désert. Je ne sais pas pourquoi il m'a choisi. Je suis la lie de la société. Pourquoi est-il venu et m'a-t-il trouvé ?

La raison d'être de l'homme est *d'adorer Dieu et de l'apprécier pour toujours* dit la Confession de Westminster. C'est suffisant. Nous n'avons pas besoin de plus. Cela s'applique autant au ministère qu'à notre vie personnelle. Le christianisme n'est pas un chemin vers la compétence mais *un chemin pour devenir comme des enfants*. Plus nous devenons comme des enfants, plus nous serons proches de lui. Et plus nous sommes proches de lui, plus nous devenons comme des enfants. Pensez-vous que Jésus nous a dit « *Si vous ne devenez comme des petits enfants, vous ne pourrez pas entrer dans le Royaume de Dieu* » et qu'il y avait un chemin différent pour lui ?

Les enfants savent comment apprécier la vie. Qui a le plus de joie ? Un avocat ou un enfant ? Qui est le meilleur pour se tordre de rire ? Un architecte, un policier ou une petite fille ? C'est toujours l'enfant. Pourquoi ? Parce qu'il n'est pas pris par les problèmes de compétence de la vie. Il rira et rira de quelque chose qui ne nous fait même pas sourire. Les enfants ont une capacité incroyable à simplement apprécier le moment présent. Souvent le christianisme comme nous le connaissons n'a fait qu'ajouter au sérieux de nos vies. Nous marchons sur la corde raide de la peur de ne pas faire les choses correctement et de ne pas vivre comme il faut. Ce n'est pas étonnant que les non chrétiens nous regardent et pensent « *Je ne veux pas devenir comme ça !* »

JÉSUS EST COMME UN ENFANT

Jésus lui-même ressemblait à un enfant. Matthieu 11:25 dit « *A ce moment-là, Jésus prit la parole et dit : 'Je te suis reconnaissant, Père, Seigneur du ciel et de la terre, de ce que tu as caché ces choses aux sages et aux intelligents et les as révélées aux enfants'.* »

J'ai mis plusieurs années à prendre conscience que Jésus parle en fait ici de lui-même. Que sont « ces choses » dont il parle ici ? S'agit-il des choses qu'il a enseignées dans les quelques chapitres précédents ? Si elles n'étaient pas révélées aux sages et aux intelligents, à qui l'étaient-elles ? *Elles étaient révélées à Jésus.* Il est celui qui les a enseignés. *Le Père lui apprit ces choses parce qu'il avait le cœur d'un petit enfant.* Il a dit « *Ma doctrine n'est pas la mienne* » (Jean 14:10) (traduit de l'anglais). En d'autres termes, « Je n'ai pas encore trouvé de solution théologique. Je n'ai pas d'opinion sur toutes ces questions doctrinales. »

Il a aussi déclaré « *...Le Fils ne peut rien faire de lui-même...* ». (Jean 5:19) Il n'a pas dit « Le Fils ne fera rien *par* lui-même », comme beaucoup lisent ce passage. Il a dit « *Le Fils ne peut rien faire DE lui-même* ». En d'autres termes « Il n'y a rien en moi qui puisse faire ces choses que je fais ou enseigner ce que j'enseigne. Les miracles que je fais s'opèrent *au travers de* moi, et non par moi. Les paroles que je prononce ne sont pas mes paroles. C'est le Père qui vit en moi qui accomplit tout ça. »

Il n'a pas dit « Le Fils *ne veut pas* faire quelque chose de lui-même », pas plus qu'il n'a dit « Le Fils *a choisi de ne pas* faire quelque chose de lui-même. » Il a dit « Le Fils *ne peut* rien faire de lui-même. » Quelle déclaration incroyable !

Je dis ce qui suit avec révérence mais Jésus était incroyablement incompétent. Il n'était pas adulte et mature ! Il était comme un enfant. Trop souvent dans l'église aujourd'hui nous recherchons ce qui est sage et intelligent. Jack Winter avait remarqué que cette révélation était souvent difficile à recevoir par les pasteurs et les leaders. Ayant été moi-même pasteur je peux tout à fait comprendre les pressions que subissent les pasteurs et les leaders. Les pasteurs reçoivent ce message comme étant bon pour la congrégation mais pas applicable aux responsables. Les leaders d'église ont besoin d'ouvrir leur cœur pour recevoir ce que Dieu a pour eux.

La sagesse consiste à agir correctement dans une situation donnée, tandis que la prudence consiste à faire des choix corrects pour notre bien futur. Souvent les pasteurs se focalisent sur la façon de faire les choses de la bonne manière – « Quelle est la bonne chose à dire, la bonne façon d'appréhender cette situation ? Quelle est la bonne façon de faire ceci ? Que faisons-nous dans les réunions de leaders ? Comment se préparer pour les cinq prochaines années ? » Lentement tout se concentre sur comment vivre notre vie et faire « les bonnes choses ». Jack pensait que les pasteurs étaient souvent devenus les « sages et prudents » et avaient fermé leur cœur d'enfant.

Je ne dis pas que nous ne devrions pas faire ces choses mais ne présumez pas qu'il s'agit de maturité. Quand nous commençons à penser dans les grandes lignes « *Voici ce qu'est la maturité, maintenant je suis un chrétien mature parce que je fais toutes ces choses* », ce qui se passe c'est qu'avoir la sagesse et la prudence devient notre objectif de vie, ce qui constitue en fait un obstacle à la réception de la révélation. La révélation est donnée à ceux qui ont un cœur *d'enfant*. Je crois que c'est une des raisons pour lesquelles le corps de Christ dans le siècle précédent a fait si peu de percées dans la révélation réelle et dans l'intimité avec Dieu. Nous nous sommes focalisés sur le fait de devenir sages et prudents, quand le Seigneur nous conduit en fait sur le chemin pour devenir comme un petit enfant.

TOUT CONNAÎTRE N'EST PAS LE BONHEUR

Il y a quelques années, j'étais en Hollande à un endroit appelé Flessingue. Alors que je prenais un café avec mon hôte un matin il me dit « James, j'ai découvert quelque chose. *Le fait de tout connaître ne te rend pas heureux* ». Cette déclaration m'a considérablement touché. Depuis le moment où je suis devenu chrétien on m'a dit que je devais tout savoir et que pour être un leader chrétien je devais avoir une opinion sur tout. Je devais savoir ce que chaque verset signifiait vraiment ou au moins je devais être informé de toutes les opinions existantes. Cette pression de *tout savoir* était sur moi.

Un peu plus tard, alors que j'étais encore en Hollande, j'intervenais en tant que prédicateur dans un rassemblement d'hommes et je partageais ma chambre avec un grand néerlandais qui parlait d'une voix retentissante. Nous sommes devenus par la suite de bons amis. Le dimanche, après la dernière session nous étions assis sur nos lits superposés en attendant d'être conduit à Amsterdam. Alors que nous étions assis là mon ami me posa une question à propos d'un problème de leadership ou quelque chose en relation avec le ministère chrétien. Je lui répondis « Oh, je ne sais pas ». Ses yeux se sont écarquillés et il est tombé sur le lit *hurlant* de rire. Le lit entier était secoué tant il riait. Après quelques minutes, il me regarda et dit « *Tu ne sais pas ?* », et je répondis « Non ». Alors il tomba à nouveau sur le lit en se tordant de rire. Je restais assis là, étonné de sa réaction. Finalement, il s'assit à nouveau « James tu es un prédicateur. *Tu dois savoir !* » Voyez-vous, c'est cette pression qui vous vient dessus. La pression d'accumuler de la connaissance, d'acquérir la sagesse et de devenir l'expert.

La chanson de Paul Simon

Après que Denise et moi ayons souffert d'épuisement professionnel, nous sommes allés en Australie pour honorer un engagement pris avec des écoles de Jeunesse en Mission. C'était une période épouvantable de notre vie. Nous étions totalement épuisés mais le Seigneur nous aidait dans tout ce que nous devions faire. Nous traversions l'arrière-pays australien d'Adelaïde vers Brisbane et nous avions traversé une ville de l'ouest de la Nouvelle Galles du Sud appelée Bourke. Il y a un dicton qui dit que si vous êtes « à l'arrière de Bourke » vous êtes dans la vraie cambrousse ! Très peu d'australiens s'aventurent si loin dans cette campagne isolée. Donc nous conduisions sur ces routes où vous pouvez conduire douze heures sans changer de paysage.

Pendant le trajet nous écoutions l'album de Paul Simon Graceland. Une des chansons parlait d'un personnage appelé l'archange Fat Charlie. Ça disait comme ceci : « L'archange Fat Charlie s'est glissé dans la pièce et il a dit 'je n'ai pas d'opinion sur ceci. Et je n'ai pas d'opinion sur cela' ». Tout à coup Denise et moi avons commencé à rire. Un « archange » n'a même pas d'opinion ! On a le droit de ne pas savoir ! Même si vous êtes un archange ! Lorsque nous avons commencé à rire, la pression de grandir et d'être fort, de mûrir et de tout maîtriser a commencé à se dissiper. Après avoir fait des efforts pendant des années pour devenir compétent, l'idée qu'un « archange » n'avait pas vraiment d'opinion était un grand soulagement.

« Occupé, occupé, occupé »

Souvent quand je visite des églises j'ai l'opportunité de passer du temps avec le pasteur avant la réunion dans laquelle je vais prêcher. Une église a sa propre culture, comme chaque nation a la sienne. Je visite beaucoup d'églises différentes, c'est pourquoi quand j'arrive dans un lieu pour la première fois mes antennes spirituelles sont levées, essayant de définir la culture et les croyances afin d'établir des relations avec elles et de communiquer efficacement. Souvent je pose des questions au pasteur et ses réponses m'éclairent. Une des questions que je pose est « Comment va votre église ? » Très souvent, je reçois la réponse suivante, ou quelque chose qui y ressemble :

« Oh, on est très occupés. On va de l'avant ici ! Il y a tellement de choses qui se passent, l'église grandit vraiment. Il y a cette conférence qui va avoir lieu et ce prédicateur qui vient. Nous agrandissons notre parking et nous devons aussi agrandir la cuisine. Nous avons des équipes d'évangélisation qui partent en Afrique ce week-end. Le groupe de jeunes se développe vraiment bien. En fait, il est tellement grand que nous avons pris de nouveaux pasteurs pour s'occuper de la jeunesse. Et il nous faudrait plus de personnes pour gérer le parking. Nous recueillons des fonds pour ceci et pour cela. Nous avons une nouvelle église qui a été implantée ici et une autre là-bas. Le ministère des femmes a vraiment pris son envol et nous faisons de l'évangélisation dans la ville d'à côté. »

Tout ce que j'entends c'est « occupé, occupé, occupé ». Beaucoup de pasteurs pensent que c'est ce que vous voulez entendre. Ils veulent donner une bonne impression au prédicateur de passage. Mais quand j'entends toutes ces occupations je me dis « Euh, qu'est-ce qui ne va pas ici ? »

Imaginez ce qu'aurait répondu Jésus, si, alors qu'il se promenait à Nazareth, vous lui aviez demandé « comment va le ministère, Jésus ? »

« Oh, on est occupés, occupés, occupés ! Nous partons pour Capernaüm cet après-midi ; nous avons besoin de trouver un bateau pour nous éloigner parce que la foule va être trop dense. Nous ne pouvons pas avoir de micros mais nous pouvons utiliser l'eau. Et Lazare vient de mourir donc je suis censé aller à Béthanie ; Marie et Marthe sont vraiment bouleversées. J'aurais dû y aller il y a quelques jours mais ça n'arrête pas ! J'ai

parlé et enseigné partout, je travaille avec les disciples, mais Pierre pose un peu problème. Il faut que je m'en occupe. Et puis j'ai été bloqué à chasser les changeurs d'argent hors du temple, quelqu'un est mort et j'ai été un peu accaparé et j'ai dû aller à un autre endroit et ressusciter quelqu'un d'entre les morts. Nous avons donc pris un peu de retard sur l'horaire, mais nous avons réussi à régler le problème de la dame à la perte de sang et nous sommes sur la bonne voie – on va de l'avant ! Il faut aussi que ces disciples soient formés. »

Si vous aviez demandé à Jésus comment se passait son ministère, je ne crois pas qu'il aurait répondu par quelque chose comme ça ! Il aurait probablement répondu plutôt quelque chose comme : « *Père est vraiment merveilleux. Nous l'avons vu faire des choses étonnantes. Nous sommes juste de la partie, vous savez. C'est incroyable ce qu'il fait. Ce n'est pas moi, c'est lui ! Il me dit quoi dire et je le dis. C'est incroyable de voir ce qui se passe quand je dis ce qu'il me dit de dire. Quand je touche les gens, je vois des choses spectaculaires se produire. On a vu l'autre jour ce type avec un bras desséché et tout son bras a été restauré. C'était juste merveilleux ! C'est un temps incroyable !* »

Je suis persuadé qu'il aurait été rempli de joie. Quand les disciples de Jean-Baptiste sont venus lui demander « *Es-tu le Messie ou devons-nous en attendre un autre ?* », il a répondu « *Allez lui dire ce que vous entendez et voyez. Les aveugles voient, les boiteux marchent, les sourds entendent.* » Il n'a pas ressenti le besoin de rassurer Jean-Baptiste sur le fait qu'il était le Messie. Je crois que ce qu'il disait *vraiment*, c'était « Ce qui se passe est merveilleux. On ne fait rien, Dieu fait tout. Nous sommes juste comme des petits enfants qui jouent dans la boue et c'est super. »

Comme je l'ai dit auparavant, je suis arrivé à la conclusion que le royaume de Dieu est une fête. Très souvent nous en avons fait une mission évangélique ou une cause. Nous l'avons transformé en quelque chose de sérieux et de pesant. Il n'y a jamais de problème pour inviter quelqu'un à une fête mais vous pourriez avoir de la peine à le faire venir à l'église.

Ta faiblesse est ta force

L'apôtre Paul savait ce que c'était de vivre dans le paradoxe de la faiblesse. Il en parle dans la seconde lettre à l'église de Corinthe. D'ailleurs, je trouve intéressant d'étudier quand Paul parle de lui-même. Ce serait une étude fascinante que celle qui consisterait à étudier les occasions où Paul utilise « je », « moi », « mon » ou « le mien » tout au long de ses écrits. A six reprises dans ses lettres, il conseille « imitez-moi ». Je suggèrerais que chaque fois que Paul parle de lui-même nous puissions y prêter une attention particulière. Dans 2 Corinthiens 12:7, Paul commence à parler de lui-même, en disant :

« Et pour que je ne sois pas rempli d'orgueil à cause de ces révélations extraordinaires, j'ai reçu une écharde dans le corps, un ange de Satan pour me frapper et m'empêcher de m'enorgueillir. »

Nous ne savons pas exactement ce qu'était cette écharde dans la chair mais ce qui est sûr c'est que Paul avait un problème. Et ce n'était pas un problème facile. Certaines personnes ont plaisanté en disant que l'épine dans la chair était sa femme. Je ne donne aucune crédibilité à cela ! Généralement ce sont plus les maris qui sont une épine dans la chair pour leurs femmes que l'inverse. Certaines personnes ont dit que l'épine dans la chair de Paul était qu'il était de petite taille parce que la signification de son nom est « petit ». Pour un homme de son calibre, cela n'aurait pas eu beaucoup d'importance. Je ne pense pas qu'être « défié verticalement » aurait affecté Paul. Certaines personnes ont dit que cette épine dans la chair était que Paul devenait aveugle. C'est une possibilité. Il a dit dans Galates 4:15, « *...En effet, je vous rends ce témoignage : si cela avait été possible, vous vous* *seriez arraché les yeux pour me les donner.* » Paul connaissait leur amour pour lui parce qu'il leur avait partagé l'Évangile. Quelle que soit cette écharde dans sa chair, il avait certainement un problème. De plus, il le décrit comme étant un « messager de Satan », donc cela devait être quelque chose de très pénible pour lui.

Dans le verset suivant, il dit

« *Trois fois j'ai supplié le Seigneur de l'éloigner de moi* ».

Paul avait traversé beaucoup de difficultés et avait expérimenté la grâce de Dieu dans chacune de ces situations. Mais quoi que ce fût, cela l'a amené à plaider trois fois auprès de Dieu pour qu'il l'enlève. C'était manifestement une chose très difficile à vivre. Lorsqu'il a demandé au Seigneur de l'ôter, sa demande a été refusée. Cependant, Dieu lui a dit « *Ma grâce te suffit, car ma puissance s'accomplit dans la faiblesse.* »

Ma puissance s'accomplit dans la faiblesse. La vérité c'est que si vous voulez que la puissance de Dieu repose sur vous et que vous êtes fort par vous-même, vous vous disqualifiez pour recevoir cette puissance de Dieu. La puissance de Dieu vient sur les gens qui sont faibles. La force de Paul ne résidait pas dans le fait qu'il soit devenu fort, compétent et qu'il ait toutes les réponses. Au contraire, la grâce de Dieu est venue sur lui *à cause* de sa faiblesse. Le Seigneur a dit « Ma grâce te suffit car ma force est rendue parfaite dans la faiblesse ». (Traduit de l'anglais)

Ce que j'ai découvert c'est que si vous pensez que Dieu vous utilise parce que vous priez beaucoup ou qu'il vous utilise parce que vous avez fait ceci ou cela, *alors votre cœur va prendre la gloire pour lui-même.* Vous pouvez même dire « Je donne toute la gloire au Seigneur » mais ce n'est pas votre discours que le Seigneur prend en compte. Il regarde votre cœur. Quand votre cœur prend la gloire, Dieu supprime la puissance. Il ne partage pas sa gloire avec qui que ce soit. Cela demande de la foi pour reconnaître qu'il n'y a rien en nous qui nous qualifie pour que Dieu nous utilise. Il faut plus de foi pour faire ce pas et faire confiance à Dieu qu'il va nous utiliser. Il faut beaucoup plus de foi pour faire un pas en Dieu lorsque vous avez le sentiment écrasant qu'il n'y a absolument rien en vous qui ait de la valeur pour Dieu.

SOIS UN PETIT ENFANT

Un autre exemple de la faiblesse de Paul apparaît dans le chapitre 2 de la première épître aux Corinthiens. D'après les érudits l'église de Corinthe était l'église la plus charnelle de son temps. C'était leur réputation en tout cas. Et voici Paul le meilleur étudiant rabbinique de son temps. Il était académiquement brillant et rempli de zèle religieux. Du moment qu'il avait reçu cette incroyable révélation du Seigneur, il a eu besoin d'une épine dans sa chair pour l'empêcher d'être exalté dans son propre cœur. Même l'apôtre Pierre ne comprenait pas la plupart des choses que Paul disait. Il a écrit (dans 2 Pierre 3:15-16) « *...Notre bien-aimé frère Paul vous l'a aussi écrit... dans toute les lettres où il parle de ces choses ; il s'y trouve certes des points difficiles à comprendre...* » Pierre avait du mal à comprendre ce dont parlait Paul. La profondeur de la révélation de Paul était évidemment incroyable et là il venait à l'église de Corinthe pour essayer d'y mettre de l'ordre.

Au verset 3 du chapitre 2, il écrit à l'église de Corinthe « *J'ai été faible, craintif et tout tremblant chez vous.* »

Il ne s'est pas présenté à Corinthe en disant : « J'ai tout compris sur la croissance de l'église. Je sais comment faire. Je peux venir et régler tous vos problèmes. Je sais quoi dire aux leaders de l'église et à l'équipe. J'ai l'expérience et la pratique. Je connais toutes les ficelles.

Je rétablirai votre église en une semaine – pas de problème – deux semaines au plus. » Il n'a rien dit de tel. Il a plutôt dit « *Je suis venu dans la faiblesse, craintif et tout tremblant* ». Il ne savait pas que faire.

Paul avait appris le même secret que Jésus lui-même connaissait. Être un petit enfant. Quand nous pensons savoir tout faire, nous sommes disqualifiés.

Dieu nous rencontre dans notre faiblesse. Vous n'avez pas besoin de tout maîtriser pour être fils ou fille de Dieu. Une des meilleures amies de Denise, Katie, a donné son témoignage au cours d'une réunion il y a quelques années et je n'ai jamais entendu un témoignage aussi poignant. Plus elle partageait son histoire et plus je ressentais qu'elle était ma sœur. Je n'avais pas expérimenté le même genre de douleur, mais je pouvais m'identifier à la réalité de son histoire. Quand les gens font une démonstration de force, qu'ils nous montrent comment ils maîtrisent tout, je ne me retrouve pas du tout dans ce qu'ils disent. Je sais qu'il y a des fois où *j'ai l'air* de maîtriser les choses et quand l'onction vient il peut sembler que je porte une armure. Il peut sembler que je suis véritablement un chevalier de Dieu. *Mais enlève le casque et regarde à l'intérieur de l'armure vers le bas.*

NE PLUS JOUER LE JEU

Dans le passé j'avais l'habitude de prétendre être une personne compétente et j'avais appris toutes ces différentes petites astuces pour montrer ma force. Puis j'ai commencé à voir que ma faiblesse était mon plus grand atout. J'étais juste un chasseur sauvé par erreur ! Ce n'était pas ma faute ! Une personne très courageuse a prophétisé que je deviendrais un enseignant de la Parole. C'était la prophétie la plus courageuse que quelqu'un ait jamais donnée vu à quoi je ressemblais ce jour-là. Et j'ai été assez fou pour le croire. Alors j'ai pensé que si je devais être un enseignant de la Parole je ferais mieux de commencer à la lire. Je la lis depuis ce temps et maintenant je me sens comme dans une rivière de révélation, sachant très bien que ce n'est pas à cause de ma compétence.

Au cours de ces dernières années de notre expérience chrétienne, nous avons vécu les meilleurs moments de notre vie. Je n'ai pu ressentir cette liberté et cette joie qu'après m'être libéré de tout ce que j'avais cru être censé devenir, pour n'être juste qu'un petit garçon dans les bras de mon Père.

Savez-vous quelle est la clé de cette révélation de l'amour du Père ? Juste de devenir un petit enfant. *Un petit enfant.* Plus vous essayez d'être sophistiqué et de tout savoir, de lire toutes les Écritures, d'écouter tous les sermons et de lire tous les livres ; plus vous voulez devenir l'homme ou la femme de Dieu grand, fort, adulte et avoir cette réputation, moins vous aurez la capacité de connaître le Père comme un Père qui *vous* aime.

Dans ma vision du chevalier qui sortait de la forêt, je me sentais comme un petit garçon... *mais j'étais assis sur un cheval blanc.* Le cheval blanc est le Saint-Esprit. Et si vous allez vous asseoir sur ce cheval vous n'êtes pas autorisé à tenir les rênes. Vous devez aller là où il danse. Et c'est une danse. Dieu veut nous utiliser. Il veut que sa puissance soit révélée au travers de nous mais le paradoxe est que *vos faiblesses sont vos plus grands atouts.* Avez-vous des faiblesses dans votre vie ? Avez-vous des problèmes que vous ne savez pas résoudre ? Ils sont vos plus grands atouts. Si souvent nous attendons que Dieu résolve nos problèmes avant qu'il puisse nous utiliser. Mais laissez-moi vous dire quelque chose. Il vous utilise au milieu de votre faiblesse. Plus vous êtes faible, plus il peut vous utiliser. Le plus grand handicap est notre propre force, notre propre compétence, notre accréditation et notre réussite. Être « rempli de foi et de puissance » et « tout maîtriser » est notre plus grand obstacle.

Si vous avez votre force, il vous laissera récolter le produit de votre force. Cependant, si vous pouvez accepter d'être faible, vous récolterez le produit de sa force et c'est infiniment mieux.

CHAPITRE 8

La liberté glorieuse des fils

~

Je désire de tout mon cœur que vous soyez aidés à ouvrir votre cœur pour recevoir l'amour du Père. Son désir le plus profond est d'avoir ses enfants près de lui, vivant dans ce lieu d'intimité, cachés en Christ dans le cœur du Père. Mais ce n'est pas tout. Il y a tellement plus, un héritage glorieux à saisir, l'héritage qui appartient aux fils et aux filles. Il est notre héritage et ce qui est plus glorieux encore c'est que nous sommes *son* héritage. Quel aboutissement ! C'est ce qui nous attend, l'ouverture de l'horizon aussi large que l'éternité elle-même. Alors attachez votre ceinture et préparez-vous pour le voyage de votre vie.

Ma manière de fonctionner dans le ministère a parfois été très effrayante. Watchman Nee a observé qu'il y a deux façons différentes de parler avec onction. La première est d'avoir un message et de savoir exactement ce que vous allez partager et ainsi vous êtes en mesure de libérer de l'onction à l'intérieur de ce message. La seconde est de suivre l'onction de sorte que vous ne savez pas où vous allez, ni ce que vous allez dire, ce qui est bien plus angoissant mais aussi beaucoup plus amusant car vous n'êtes jamais sûr de ce que le Seigneur va dire ensuite. Parfois je m'entends parler, ne sachant pas ce que je suis en train de dire et je suis surpris par les choses que j'entends sortir de ma propre bouche. Très souvent je m'entends dire quelque chose et je n'ai absolument aucune idée de ce dont je parle ! Une fois cela s'est produit alors que j'étais en Allemagne. Comme j'avais un interprète, j'avais bien sûr un peu de temps pour prier entre les phases. J'ai dit quelque chose et je ne savais pas la raison pour laquelle je le disais mais j'ai ressenti que c'était le Seigneur. Je parlais de la façon dont Dieu aime venir et être un Père pour nous dans toutes les choses quotidiennes de notre vie. Il aime nous montrer son amour en pourvoyant aux choses ordinaires comme des places de stationnement par exemple. Alors que je prêchais à ce sujet je me suis soudainement entendu dire « *Mais ce n'est pas ce qu'il recherche vraiment !* »

QUE RECHERCHE-T-IL VRAIMENT ?

Quand j'ai eu dit cela, j'ai immédiatement pensé : « Bien... qu'est-ce qu'il *recherche* ? » Que pourrait-il y avoir d'autre ? Je sentais que c'était vraiment le Saint-Esprit qui s'exprimait, mais je n'avais pas la moindre idée de ce qu'il recherchait vraiment ! En moi-même je disais : « Seigneur qu'*est*-ce que tu recherches vraiment ? » Il n'a rien répondu, alors j'ai continué à parler et à dire : « Il aime venir à nos réunions à l'église et oindre notre adoration... mais ce n'est pas ce qu'il recherche vraiment ! » « Qu'est-ce qu'il cherche vraiment ? » s'écria mon cœur !

Mon esprit prenait de l'avance sur la prédication et je me disais : « Qu'est-ce que je vais dire à tout le monde ? » J'avais l'impression de creuser un trou de plus en plus profond et que je n'allais pas être capable d'en sortir ! Je n'avais pas la moindre idée de ce qui allait arriver, mais il ne semblait y avoir aucune autre option que de continuer à parler. Alors je me suis lancé dans la narration d'une histoire concernant une expérience que Denise et moi-même avions vécue.

J'ai raconté que nous étions en Hollande il y a quelques années, en train de nous rendre en toute hâte à la gare en voiture. En Hollande les trains partent à la minute près. Si vous n'êtes pas là à l'heure exacte, vous manquez le train. Nous nous rendions donc à la gare prendre un train. Il ne nous restait que quatre minutes pour nous garer, sortir de la voiture, prendre nos valises, acheter le billet de train, aller sur le quai et monter dans le train. Nous étions donc pressés par le temps. A notre arrivée, non seulement le parking était plein mais il y avait des centaines de vélos appuyés contre les murs du parking et nous avons réalisé que c'était une heure de pointe dans la journée. Nous avons parcouru les allées du parking à la recherche d'une place mais il n'y en avait pas. C'était complet. Denise a donc prié : « Père pourrais-tu nous donner une place ? » Elle avait commencé à prier dès notre entrée dans le parking en pensant qu'elle devait donner le temps au Seigneur de pousser quelqu'un à regagner sa voiture. Même le Seigneur a besoin d'un peu de temps pour organiser ces choses.

Alors que nous tournions pour trouver une place, elle ajouta : « Seigneur, tu peux même faire que quelqu'un se sente *un peu* malade et décide de ne pas aller travailler aujourd'hui ! » Bon, je ne connais pas trop la théologie de ceci mais elle a prié ainsi alors que nous arrivions à une autre rangée de places de stationnement et elle a vu un gars au loin qui avait garé sa voiture et marchait droit vers nous. Soudain il s'arrêta, se retourna et repartit vers sa voiture. Denise a crié à Vince qui conduisait notre voiture : « Suis cet homme ! » Nous l'avons suivi. Quand on est arrivé au virage, il est monté dans sa voiture et est parti. Une place libre ! On s'est garé et Denise a dit : « Tu peux faire qu'il se sente bien maintenant Seigneur ! » Notre place était la plus proche de la porte de la gare. Nous avons sauté hors de la voiture, saisi notre billet, couru le long d'un quai en traînant nos valises, vite descendu un escalier, longé un autre quai, monté un escalier et nous sommes arrivés au quai où notre train attendait, nous sommes montés, les portes se sont fermées derrière nous et nous sommes partis. On y était arrivé, tout juste !

Voilà qui Dieu est. Il aime être ce genre de père pour ses enfants. Mais alors que je parlais ce jour-là, j'ai continué à dire : « Mais ce n'est pas ce qu'il recherche vraiment ! Il aime oindre nos rassemblements, nos campagnes d'évangélisation, nos efforts missionnaires vers les nations *mais ce n'est pas ce qu'il recherche vraiment !* » Cette phrase n'arrêtait pas de revenir et je pouvais sentir la tension dans la salle. Tout le monde pensait : « Qu'est-ce qu'il recherche vraiment ? »... et je ne le savais toujours pas ! Enfin, alors que je le redisais encore une fois, il m'éclaira.

En fait, Dieu aime venir vers nous et être un père pour nous dans toutes les choses de nos vies mais ce qu'il veut *vraiment*, c'est que nous devenions des fils et des filles pour lui dans toutes les choses de *sa* vie. Il veut que nous ne le connaissions pas seulement comme un père dans *notre* monde mais que nous devenions des fils et des filles pour lui dans *son* monde, dans *sa* perspective de vie.

Ce que j'ai pu remarquer chez les pères et les mères c'est qu'ils veulent que leurs enfants aient une qualité de vie similaire ou meilleure que la leur. Quel que soit leur niveau d'éducation, ils veulent que leurs enfants soient éduqués autant qu'eux, sinon plus. Ils veulent toujours le meilleur pour leurs enfants. Permettez-moi de vous dire que Dieu ressent la même chose pour nous qui sommes ses enfants. Il est notre Père et son désir pour nous est que nous soyons des fils et des filles *en adéquation avec qui il est.*

Lorsque nous avons commencé à entendre parler de l'amour du Père, nous pensions que cela ne concernait que la guérison émotionnelle. Ensuite, nous avons pris conscience qu'il y avait beaucoup plus que ce que nous aurions pu imaginer. Il déverse son amour dans nos cœurs et nous guérit des traumatismes de nos vies mais ce n'est que le début. Beaucoup d'entre nous commençons à expérimenter l'amour du Père et nous pensons « Oh, maintenant que je suis guéri je peux revenir à ce que je faisais et continuer comme avant car maintenant je le ferai en tant que personne guérie ». Le but de Dieu est beaucoup, beaucoup plus que cela. Il veut que nous apprenions à marcher continuellement devant Lui dans la faiblesse. Son désir est que nous puissions nous habituer au même sentiment de vulnérabilité et de dépendance que celui dans lequel Jésus a marché. Un des plus grands secrets de la vie chrétienne est d'apprendre à se sentir à l'aise avec la faiblesse au lieu d'essayer de la combattre.

Souvent nous nous humilions et nous sommes faibles *en privé* pour être guéris mais le Père veut que nous apprenions à vivre ainsi. La vulnérabilité est risquée. Dieu ne veut pas que nous rendions juste une simple visite à l'humilité mais que nous y *vivions*. Alors que nous apprenons à vivre dans cet état de vulnérabilité où nous avons constamment besoin de son amour, et où nous nous identifions de plus en plus avec cette déclaration « *Le Fils ne peut rien faire de lui-même* », à ce moment-là Dieu pourra se servir de nous. Certains lieux élevés en Dieu ne peuvent être atteint que par l'humilité. Alors que nous apprenons à vivre ainsi, il est en mesure de travailler avec nous comme ses fils et ses filles. C'est ce que j'ai commencé à voir. Le Père veut que nous devenions des fils et des filles *en adéquation avec qui il est.*

Quand je me suis retrouvé à parler de cela en Allemagne pour la première fois, c'était le début d'une révélation qui non seulement commençait à changer ma vie, mais aussi mon identité. A ce moment de ma vie j'ai pensé « Bon, nous avons un ministère itinérant qui connaît un succès relatif, que j'apprécie plus que tout ce que j'ai pu faire d'autre dans ma vie. Nous avons assez pour vivre. D'un point de vue pratique, ça fonctionne ». Je pensais « C'est ça ! Je suis un orateur itinérant qui voyage autour du monde et parle du Père ; puis je rentre chez moi, je prends des vacances et je voyage à nouveau. Cela fonctionne très bien ! »

Mais j'ai vu que Dieu nous appelait à être des fils et des filles en adéquation avec qui *il* est, dans *sa* perspective de l'univers – c'est alors que j'ai commencé à penser que je devais trouver une direction de vie appropriée pour un fils de Dieu et pas seulement être orateur itinérant. Que pourrais-je faire de ma vie qui ferait de moi un fils *en adéquation* avec mon Père ? – Parce que mon Père se trouve juste être Dieu tout-puissant ! C'est là que nous avons commencé à envisager ce rêve de voir l'amour du Père aller vers chaque courant du christianisme, chaque culture, chaque nation et chaque personne dans le monde. Et ainsi toute cette histoire a débuté. Nous avons commencé à développer des écoles dans lesquelles les gens pourraient être impactés aussi profondément que possible avec une expérience de l'amour du Père. Parce qu'une fois que c'est dans votre cœur, votre monde entier change.

A QUOI RESSEMBLE DIEU ?

Quand vous commencez à considérer ce que signifie être un fils ou une fille en adéquation avec qui est le Père, cela vous amène à une autre question. A qui ressemble véritablement mon Père ? Quels sont les grands concepts qui décrivent qui est mon Père ? Voir les attributs que nous devons explorer afin d'avancer dans une filiation appropriée avec qui *il* est. Quels sont certains des mots importants ou concepts qui le décrivent ? Permettez-moi d'en énumérer quelques-uns de familiers qui me viennent immédiatement à l'esprit. Dieu est vérité, il est compatissant, relationnel. Oui ! Le salut, la foi, l'espérance, la joie décrivent tous des aspects de sa nature. Absolument ! D'autres aspects me viennent à l'esprit, comme la miséricorde, la gloire, la sainteté. Puis, vous pourriez aussi énumérer les « omni » : omniscient, omnipotent, omniprésent.

Alors que je pensais à ces attributs de Dieu un autre mot est soudain venu à mon esprit. C'était un mot que je n'avais jamais considéré auparavant comme décrivant la nature de Dieu. De plus je n'avais jamais entendu un orateur chrétien utiliser ce mot. C'était le mot « libre ». Dieu est LIBRE.

La liberté est probablement l'une des choses les plus précieuses pour le cœur humain. Nous regardons des films sur la liberté, nous lisons des livres sur l'émancipation, nous écoutons de la musique qui exprime la liberté. Pourquoi est-ce que le personnage William Wallace dans le film *Braveheart* capte tant notre imagination ? C'est parce que tout en nous réagit face à un homme qui donnerait sa vie pour sa liberté, la liberté de son peuple et de son pays. La liberté est probablement l'un des plus grands enjeux auquel nous sommes confrontés en tant que race humaine. Plus que tout, les hommes veulent être libres. Le contraire de la liberté c'est l'esclavage. Je ne peux rien imaginer de pire que l'esclavage. Je préfèrerais être mort ! L'esclavage doit être une des choses les plus cruelles que la race humaine ait jamais imaginé. Il n'y a aucune décision que vous puissiez prendre en tant qu'individu, de quelque façon que ce soit. Vous n'avez aucun contrôle sur ce que vous faites d'un moment à l'autre. Vous n'avez aucun contrôle sur ce que vous mangez ou sur les vêtements que vous pouvez porter. Si vous vous mariez, vous pourriez finir séparés pour la vie si l'un de vous, ou les deux, étaient vendus dans des endroits différents. L'esclavage des enfants est encore pire. Il va à l'encontre de tout ce qui est libre en nous. Il y a quelque chose en nous qui tend vers l'espoir, qui croit en quelque chose de mieux.

La liberté est intrinsèque à la nature de Dieu et à son cœur. Il est *la liberté totale*. La liberté est toujours mesurée par des limitations. Dieu a-t-il des limites ? Il peut tout faire n'est-ce pas ? Il peut créer tout ce qu'il veut. Il n'y a aucune limite à sa liberté. Eh bien, il n'y a qu'une chose qu'il ne peut pas faire. Il ne peut pas pécher. Cela n'est pas une limitation en soi bien que je pensais que c'en était une jusqu'à ce que je comprenne la nature du péché. Les gens me disaient « Le péché est une chose terrible, horrible. Ne le fais jamais ! Dieu l'a en horreur. C'est mal. Ce n'est pas bien. C'est mauvais ! » Mais ces explications ne me satisfaisaient pas du tout parce qu'il y avait des comportements étiquetés comme des péchés qui ne semblaient blesser personne. Il y a beaucoup de choses qui sont manifestement mauvaises, mais il y avait certains péchés dans lesquels honnêtement je ne voyais pas le mal. Il y a certaines choses que nous permettons dans notre vie parce que nous ne comprenons pas pleinement ce qu'elles ont de si mauvais en elles ou parce que nous ne voyons pas le mal dans ce comportement particulier.

Le vrai problème avec le péché est *qu'il vous lie à lui*. Le péché a une *emprise* sur vous et il vous *maîtrise*, vous *contrôle*, vous *lie* et vous ôte votre liberté. *C'est la raison* pour laquelle le péché est si mauvais. Comme Dieu a dit à Caïn « *...Le péché est couché à la porte et ses désirs se portent vers toi...* » (Genèse 4:7) Le désir du péché est toujours de nous maîtriser et quand nous nous engageons dans le péché, ses chaînes nous empêtrent et commencent à nous traîner vers le bas. La raison pour laquelle Dieu ne veut pas que nous péchions n'est pas tant parce que le péché est « mauvais » (pour ainsi dire) mais parce qu'il sait que cela détruira votre âme. Le péché vous entraînera de plus en plus profondément dans un esclavage duquel il n'y a pas d'échappatoire si ce n'est par le sang de Jésus.

Donc quand nous disons que Dieu ne peut pas pécher c'est parce qu'*il ne veut pas perdre sa liberté*. Rien ne le maitrisera. Il demeurera toujours libre. Je n'avais jamais réalisé que la liberté était un point si important pour Dieu. De plus, j'ai commencé à voir cela chaque fois que je lisais la Bible. Dans des passages tels que Romains 8:15, 2 Corinthiens 6:18 et Galates 4:6 qui parlent tous de nous comme de fils et filles de Dieu, entrant dans cette même expérience de *liberté* qu'il expérimente.

LES LIBERTÉS DE CE MONDE

Lorsque nous considérons la liberté sous un angle humain il semble que ceux qui possèdent le plus de liberté dans ce monde sont probablement les plus riches. Si vous avez beaucoup d'argent vous pouvez faire tout ce que vous voulez. Plus vous avez d'argent plus grande est votre liberté. Il y a quelques années l'acteur John Travolta a volé en Nouvelle-Zélande dans son propre jet Boeing qu'il pilotait lui-même. Il arrivait vers l'aéroport d'Auckland et alors qu'il était sur le point d'atterrir, sur un coup de tête il a décidé de ne pas atterrir mais de survoler la Nouvelle-Zélande et d'admirer d'abord le pays. Ainsi il a survolé l'île du Nord, il est descendu jusqu'à l'île du Sud, a regardé toutes les montagnes puis a repris sa route vers Auckland. Juste pour regarder ! Cela a dû coûter des dizaines de milliers de dollars seulement pour regarder par le hublot les choses qu'il voulait voir. Si vous avez de l'argent vous pouvez faire presque tout ce que vous désirez.

Imaginez un instant que vous soyez réveillé un matin par la sonnerie du téléphone. En répondant, vous découvrez que vous avez hérité d'une énorme somme d'argent. Tellement d'argent que si vous décidiez de le dépenser chaque jour pour le restant de votre vie, vous n'arriveriez pas à vous en débarrasser. Imaginez cela. Vous pourriez tout acheter. Il n'y aurait pas de limites. Si vous aviez autant d'argent, que feriez-vous ?

Voyageriez-vous dans le monde ? Verriez-vous les plus beaux parcs nationaux du monde et passeriez-vous du temps à les explorer ? Achèteriez-vous une île ? Que mettriez-vous sur l'île ? Le manoir le plus luxueux dont vous pourriez rêver ? Iriez-vous faire du shopping ? Bien sûr que vous le feriez ! Nous ferions *tous* du shopping ! Imaginez que vous vouliez aller à Hawaï mais que tous les billets aient été pris, alors vous pourriez acheter la compagnie aérienne elle-même ! Puis vous pourriez aller là où vous souhaitez quand vous le voulez. Peut-être que vous pourriez rester pour un temps dans le meilleur hôtel de Monaco. Il serait même possible d'acheter l'hôtel entier. Les options et possibilités sont presque illimitées. Si vous êtes assez riche vous avez toute la liberté du monde !

Un de mes rêves était d'aller en Alaska. Finalement, j'ai accumulé assez de miles aériens pour y aller. Donc, à partir de Fairbanks, j'ai fait du stop pour aller à Anchorage, ce qui m'a pris environ neuf jours. Là, un gars m'a amené pour un vol dans son Piper Cub biplace, survolant les clairières forestières, volant partout à la recherche d'élans et de grizzlis. Je suis allé pêcher le saumon avec d'autres gars. Je me tenais debout dans l'eau pour les attraper l'un après l'autre alors qu'il y avait des empreintes de grizzlis dans le sable derrière moi, ce qui était plutôt déconcertant !

Quand vous réalisez un rêve, vous en avez un de moins. À la fin il ne restera plus de rêves. Si vous avez tout l'argent du monde pour faire ce que vous voulez, il vous faudrait environ cinq ans pour réaliser vos rêves. Mais vous vous y habitueriez et lentement, votre perspective changerait et la vie perdrait toute excitation et plaisir.

Il y a de nombreuses années j'ai lu un article du magazine « Time » écrit par un psychiatre pour les super-riches. Il disait « *Le désespoir des super-riches est insondable* ». N'est-ce pas intéressant ? Les super-riches peuvent avoir toute la liberté de ce monde mais leur désespoir est insondable. Si tous vos rêves sont réalisés alors il n'y a plus de but à vivre. J'ai des rêves que je sais que je n'accomplirai jamais mais j'apprécie le rêve parce que l'acte de rêver lui-même nous rend vivant. Si vous n'avez plus de rêves et qu'il n'y a rien de plus à faire, la mort s'empare de votre âme. Les rêves sont incroyablement importants pour nous. *Tout cela nous révèle que le cœur humain a la capacité de rêver de libertés bien au-delà de ce que le monde peut offrir.* Ce monde ne peut pas accomplir vos rêves et ce monde ne peut pas vous donner la liberté pour laquelle votre cœur a été conçu. Nous ne sommes pas créés pour la liberté limitée de ce monde. Nous sommes créés pour la même liberté que celle que Dieu lui-même expérimente.

Où allons-nous ?

Le huitième chapitre de l'épître aux Romains explique certaines choses sur le christianisme que je n'avais jamais réalisées auparavant. Il parle de filiation et nous montre où Dieu nous emmène. Souvent, nous ne voyons que les avantages d'une vérité particulière mais pas la base de sa réalité. Par exemple, nous pouvons penser que chasser les démons est le but et la conséquence d'être rempli de l'Esprit plutôt que simplement la conséquence de qui nous devenons en Dieu. Notre identité en Dieu est tellement plus grande que la capacité de faire de grandes choses pour lui.

Du chapitre 1 au chapitre 8 Paul donne une vue d'ensemble des desseins de Dieu à travers l'histoire, montrant comment il travaille dans le monde. Il termine cette image avec un point culminant au milieu du chapitre 8 de Romains. Après cela, il fait des déclarations merveilleuses comme « *Si Dieu est pour nous, qui sera contre nous ?* » et « *Qui nous séparera de l'amour de Christ ?... Ni la hauteur, ni la profondeur, ni aucune autre créature ne pourra nous séparer de l'amour de Dieu manifesté en Jésus Christ notre Seigneur* ». Ce sont des déclarations merveilleuses et puissantes.

Je souhaite attirer votre attention sur le verset 22, sur la déclaration qui dit : « *...Or nous savons que, jusqu'à maintenant, la création tout entière soupire et souffre les douleurs de l'accouchement.* » En tant qu'homme, je ne connais pas grand-chose aux douleurs de l'accouchement. Cependant, j'étais avec Denise quand elle a donné naissance à Matthew, notre plus jeune fils. Elle a vécu tout l'accouchement sans faire un seul bruit. Elle n'a pas non plus utilisé d'analgésique. J'étais très fière d'elle, mais je me sentais mal en la regardant, spectateur de l'agonie que c'était pour elle. Et bien qu'elle n'ait pas fait de bruit, elle a failli me briser tous les os de la main – je connais donc un peu les douleurs de l'accouchement ! Les gens me disent que l'accouchement est une expérience totalement accaparante. Il est impossible de penser à quoi que ce soit d'autre pendant l'accouchement. Paul utilise cette même métaphore pour décrire l'intensité du désir de Dieu de faire naître quelque chose. Toute la création est dans les douleurs de l'accouchement en essayant de faire naître quelque chose ! Il y a un immense désir en Dieu pour que sa création soit libérée des conséquences de la chute et qu'elle devienne libre.

Dieu agit intentionnellement dans ce qu'il fait dans nos vies. Parfois nous pouvons considérer notre foi comme un simple appendice de notre vie. Nous sommes occupés à remplir bien d'autres rôles, « Je suis architecte, banquier, policier, comptable, responsable à mon travail, membre de l'équipe, une mère, un père, un mentor, un sportif... Oh, et je suis aussi chrétien. » Mais être chrétien signifie que Dieu est hautement déterminé à achever une œuvre en vous, de faire de vous quelque chose qu'il a conçu. Il y travaille très intentionnellement. Ce n'est pas un passe-temps. C'est tout pour lui. Il est déterminé quant à ce qu'il fait.

Si nous retournons au verset 19, il y a un bel euphémisme, « *De fait, la création attend avec un ardent désir la révélation des fils de Dieu.* » L'objectif de Dieu tout au long de l'histoire humaine est de voir ses fils et ses filles naître ! Je suis persuadé qu'à mesure que les gens entrent de plus en plus profondément dans la révélation de Dieu comme notre Père, faisant l'expérience de son amour et marchant avec lui dans le même type de relation que celle que Jésus avait avec lui ; nous allons voir des fils et des filles de Dieu se lever, *avec une autorité qui dépasse de loin tout ce qui a été expérimenté auparavant.*

Ce sera un type d'autorité différent. Nous avons fait l'expérience de l'autorité de la Parole. Nous avons fait l'expérience de l'autorité de l'Esprit. Nous avons expérimenté l'autorité des dons du ministère. Nous avons expérimenté l'autorité du travail du ministère. Mais il y a une plus grande autorité. L'autorité du Père ! Et elle ne vient que sur les fils ! Quand l'autorité du Père viendra, elle sera totalement imprégnée d'amour, de vérité, de pouvoir, de grâce, de bonté, de douceur, de sagesse et de tous ses attributs paternels. Ce sera une autorité à laquelle le monde n'aura absolument aucune capacité de résister. Quand cette autorité viendra, nous allons voir *les fils et les filles* de Dieu sortir de chaque nation.

L'AUTORITÉ DES FILS ET DES FILLES

C'est dans cette direction que le christianisme se dirige. C'est le grand dessein de toute la création. Lorsque les fils de Dieu sont révélés à la ressemblance du Christ, nous verrons des hommes et des femmes se lever de chaque nation avec une incroyable capacité à parler directement du cœur du Père. Au-delà de l'autorité de simplement croire la Parole, au-delà de l'autorité d'être rempli du Saint-Esprit, mais avec l'autorité du Père imprimé dans leur cœur et révélé. Il est dit que « ... *la création attend avec un ardent désir la révélation des fils de Dieu* ». C'est de ça qu'il s'agit !

Il nous appelle à être des fils et des filles en adéquation avec qui il est ! Portant sur nous le sceau, la marque et *l'autorité* de notre Père. Les deux témoins dans Apocalypse 11 sont un bon exemple du résultat final du dessein du Père. Ils ont tourmenté les dirigeants du monde avec leur prédication et ne pouvaient être tués avec aucune des armes que le monde pouvait rassembler jusqu'à ce que Dieu ne le permette. Les leaders du monde sont tellement soulagés à leur mort qu'ils font une fête ! Mais Dieu les ressuscite d'entre les morts à la vue du monde entier et les appelle au ciel. Je vous encourage à lire ce qui est dit à leur sujet juste pour avoir un aperçu de la véritable autorité de la filiation.

Quand nous regardons ce que Paul dit, que « …la création attend avec un ardent désir la révélation des fils de Dieu », nous en voyons la description au verset 21 « …parce que la création elle-même sera aussi délivrée de l'esclavage de la corruption dans la liberté glorieuse des enfants de Dieu ». La glorieuse liberté des enfants de Dieu ! Alors que nous regardons à ce que signifie être fils et filles du Père, nous voyons qu'il nous appelle à être libres comme lui-même est libre.

C'est ce que tout bon père veut pour son enfant – qu'il puisse avoir le même niveau d'expérience que *lui* dans sa vie. Nous avons un Père qui n'est pas comparable à un père humain, mais il est le Père duquel chaque famille sur la terre tire son nom. En d'autres termes, c'est le fait qu'il soit notre Père qui nous donne à tous notre identité en tant que famille et qu'être humain. Nous faisons partie de la relation familiale qui existe au sein de la Trinité ! Il est *le* Père, le *vrai* Père et nous sommes maintenant ses vrais fils et filles. Il a mis son esprit en nous et il nous appelle à entrer dans son amour, à expérimenter sa paternité jusqu'à ce que nous grandissions pour être des fils et des filles en adéquation avec qui *il* est.

Il y a quelques années, il y a eu un mouvement appelé « les fils de Dieu manifestés », mais il n'a pas eu de révélation du Père. Vous ne pouvez pas être un fils si vous n'avez pas une révélation du Père. La filiation n'est pas *vraiment* une question de filiation. La filiation concerne le Père parce que vous n'êtes vraiment un fils ou une fille que lorsque vous avez une relation avec un père ou une mère. C'est ce que signifie la filiation. Et ainsi, alors que nous grandissons dans cette filiation, il nous amène dans cette *glorieuse liberté* des enfants de Dieu.

A QUEL POINT DIEU EST-IL LIBRE ?

Le genre de liberté à laquelle nous sommes appelés va bien au-delà de ce que nous pensons. Quand vous donnez votre vie au Seigneur, il vous pardonne vos péchés et vous êtes libre. Jean 8:36 dit : « Si donc le Fils vous libère, vous serez réellement libres. » Nous associons souvent cela au simple fait d'être libéré du péché ou de naître de nouveau, mais cette liberté va bien au-delà. Et ce n'est que le début !

Il y a un verset dans les Galates que je n'ai jamais vraiment compris, jusqu'à ce que je commence à voir cette question de liberté. Dans Galates 5:1, il est dit, « *C'est pour la liberté que Christ nous a affranchis* ». Je me suis toujours demandé ce que cela signifiait car je ne le comprenais pas vraiment. En effet, pourquoi Paul répète-t-il deux fois le mot « liberté » ? Pourquoi n'a-t-il pas simplement dit : « Dieu nous a appelés à la liberté ? » Il a délibérément utilisé cette formulation parce que c'est *pour la liberté* que le Christ nous a libérés. J'ai toujours pensé que la principale raison d'être libéré était d'être délivré de l'esclavage du péché. Ce n'est pas le cas. C'est *pour la liberté* que le Christ nous a libérés. Pourquoi ? Parce que *la liberté est notre destin*. Il nous libère parce que la liberté est tellement merveilleuse, non pas parce que l'esclavage est si terrible. Il veut que nous marchions dans sa liberté et cette liberté est une chose extraordinaire.

Nous rêvons de cette liberté. Je crois que nos rêves viennent du jardin d'Éden, du cœur même de Dieu. Il y a un écho du jardin d'Éden en nous. Nos attentes de justice et d'équité dans la vie nous renvoient au jardin d'Éden. Malgré les injustices qui abondent dans ce monde actuel, *il y aura* un jour de justice parfaite.

Nous sommes appelés à être libres comme Jésus est libre, comme le Père est libre. Mais à quel point Dieu est-il libre ? C'est ici que cela devient amusant.

Une des choses que j'aime chez Jésus, c'est qu'il était libre vis-à-vis de l'impôt. Plus précisément, il payait ses impôts, mais il était *libre des méthodes capitalistes permettant d'obtenir l'argent nécessaire pour payer ses impôts*. Dans Matthieu 17, Pierre est allé voir Jésus avec une question. Je vais le paraphraser : « Seigneur, le percepteur d'impôt est à la porte. Est-ce que *nous* payons des impôts ? » Jésus a répondu en gros, « Oui, nous le faisons, mais nous ne sommes pas limités aux méthodes du monde. » Il demande ensuite à Pierre d'aller pêcher et lui dit : « Quand tu attraperas un poisson, il aura une pièce dans la bouche et elle sera suffisante pour moi et pour toi. » Ça me fascine que Jésus n'ait pas inclus les autres disciples dans ce miracle. Cependant, il n'y a que Pierre qui a posé la question à Jésus et il a été témoin de la liberté dans laquelle Jésus opérait. Jésus était donc libre des systèmes fiscaux de ce monde.

Les dons de l'Esprit dans lesquels Jésus a opéré étaient une démonstration de sa liberté par rapport aux limites des compréhensions humaines. Ce n'était pas tant que Jésus avait un ministère de guérison, mais plutôt qu'il était *libre de toute maladie* ! Il était libre de tout ce qui vient de l'ennemi. Il ne guérissait pas seulement les gens mais il les a libérés de la maladie. Il les a libérés de leur prison de douleur et de maladie parce qu'il marchait dans cette liberté.

Il était aussi *libre des limites de l'éducation*. Il savait des choses sans avoir été enseigné dans une salle de classe. Il a été libéré dans la perspective de Dieu de la connaissance. L'Écriture dit que « *Jésus-Christ a été fait pour nous sagesse de la part de Dieu* » (1 Corinthiens 1:30). Nous pouvons entrer dans la sagesse de notre Père. Nous pouvons nous approprier la connaissance qu'il a.

Jésus était libre des limitations de notre connaissance terrestre. Il était libre des informations que nous donnent nos cinq sens, au travers de l'éducation et de l'apprentissage. Il était libre de ce qui était généralement accepté comme « connu » et avait une connaissance qui allait bien au-delà de la compréhension terrestre. Il a marché sur l'eau non pas parce qu'il voulait marcher sur l'eau mais parce qu'il était libre de la gravité. Pierre n'était pas tout à fait aussi libre. Il a regardé l'eau et a pensé : « Arghh ! Je vais couler ! » et il a effectivement coulé jusqu'à ce qu'il se tourne vers Jésus pour le libérer de son incrédulité. Jésus était libre de cette façon de penser. Nous voyons cela quand il a été enlevé à travers les nuages et qu'il est monté vers son Père. N'aimeriez-vous pas voler ? Pourquoi rêvez-vous de voler si c'est impossible que vous le fassiez un jour ?

NOUS SOMMES NÉS DANS UNE PRISON

Imaginez un garçon qui est né dans une prison sans fenêtre. Il a grandi en prison, parmi les autres prisonniers, sans jamais savoir qu'il y a autre chose dans la vie que la prison. Son unique perspective d'existence est le système carcéral. Il ne connait rien d'autre. Avec le temps, il se familiarise avec tous les fonctionnements de la prison et apprend même à en utiliser certains à son avantage pour obtenir des privilèges que les autres prisonniers n'ont pas. Il apprend à manipuler le système parce qu'il est devenu intelligent sur la façon dont la prison fonctionne et sur ce qu'il peut éviter ou non. Mais tout ce qu'il fait est *toujours à l'intérieur* de la prison. Il n'a jamais été à l'océan, il n'a jamais vu de montagnes, il ne connaît pas les fermes. En fait, il ne connaît rien d'autre que les barreaux de fer, les murs de pierres et le régime carcéral. Il peut penser qu'il a une bonne vie, mais nous savons qu'il connaît bien peu des vraies merveilles de la vie.

Le fait est que chacun d'entre nous *est né* dans une prison. Sir Walter Raleigh a fait une déclaration surprenante : « Le monde n'est rien d'autre qu'une grande prison. » On appelle « ce monde », cette réalité physique, et nous pensons que *ceci* est tout ce qu'il y a dans la vie, que c'est toute l'étendue de l'expérience. Certains d'entre nous sont devenus très bons pour manipuler les systèmes de ce monde. Nous pensons « Si nous pouvons améliorer notre vie et obtenir une meilleure situation dans le système du monde, alors tant mieux pour nous ! » Nous vivons notre vie en croyant que c'est ce que la vie a de mieux à offrir – mais ce n'est pas vrai.

La réalité, cher lecteur, c'est que nous sommes des fils et des filles de Dieu. Mais quand Adam et Ève ont péché, un voile est tombé sur la race humaine et a obscurci la réalité de qui nous sommes. *Nous sommes les fils et les filles du Dieu Tout-Puissant et il nous appelle dans sa liberté.* Il nous appelle à regarder qui est notre Père et à commencer à vivre une vie en adéquation avec qui *il est.* Lorsque nous commençons à vivre en espérant, en croyant et en voyant le surnaturel, en voyant au-delà de ce que nous percevons comme « réel », au-delà de ce qui est devant nous, au-delà des sens et que nous commençons à rêver de qui nous pouvons être en lui, nous commençons à chercher la filiation. La merveilleuse vérité est que Dieu nous appelle à quelque chose de bien plus grand que ce que nous réalisons. Le monde va essayer de vous enfermer. Parfois même l'église essayera de vous enfermer dans les limites fixées par le système. Mais nous sommes des fils et des filles du Dieu Tout-Puissant.

EXPÉRIMENTER LA LIBERTÉ GLORIEUSE

Laissez-moi terminer en vous racontant trois histoires. Ces histoires montrent comment fonctionne cette liberté glorieuse et nous donnent un aperçu du genre de vie à laquelle nous pouvons nous attendre en tant que fils et filles en adéquation avec notre Père. Deux de ces histoires sont tirées d'expériences vécues par des amis et une autre l'est de ma propre expérience personnelle.

Une des amies de Denise était assise dans sa maison près de Toronto, en train de prier. Soudain elle a réalisé qu'elle s'élevait au-dessus du sol. Elle a traversé le toit de sa maison et elle est sortie dans le ciel nocturne. Les murs ne pouvaient pas retenir Jésus non plus. Elle est sortie dans le ciel de la nuit et elle a commencé à marcher dans les airs, traversant à une vitesse incroyable l'océan Atlantique puis l'Europe. Elle pouvait tout voir défiler en dessous d'elle. C'était aussi réel que n'importe quel autre moment de sa vie. Quand elle a atteint la Russie, elle a commencé à descendre jusqu'à ce qu'elle passe par le toit d'une petite maison, loin dans les bois de la Sibérie. Elle s'est retrouvée sur le sol de la cuisine, derrière un vieil homme qui était penché sur une table – en pleurs. Elle a posé ses mains sur ses épaules et a commencé à prier et, alors qu'elle priait pour lui, la joie du Seigneur est venue dans son cœur.

Alors qu'il pleurait de joie, elle s'est élevée de nouveau par le toit et s'est envolée pour l'Amérique du Sud, s'est retrouvée à prier pour quelqu'un d'autre et ensuite elle est rentrée chez elle. Elle n'avait jamais rien vécu de tel auparavant. Elle était si étonnée. Un jour, elle en a parlé au prophète Bob Jones et lui a demandé : « Bob, qu'est-ce que tu penses de ça ? » Il lui a dit : « Eh bien ma chère tu deviens juste une véritable chrétienne, c'est tout ! »

Un autre ami de Minneapolis priait dans sa chambre un soir quand il a senti une rafale de vent sur son visage. Il a ouvert les yeux et s'est retrouvé à genoux sur un débarcadère. Il était en train de prier au petit matin mais là, sur la jetée il y avait un soleil éclatant. Surpris, il a regardé autour de lui en se demandant ce qui se passait. Soudain il a vu plus loin sur la jetée une fille qui criait et paniquait, alors il a couru vers elle et il a découvert que son amie était tombée à l'eau et qu'elle était en difficulté. Aucune des deux filles ne savait nager mais ce gars se trouvait être un très bon nageur, alors il a sauté de la jetée et l'a tirée hors de l'eau. Il l'a amenée sur le quai et il a passé quelques minutes à rassurer les amies. Soudain il s'est retrouvé dans sa chambre à Minneapolis, ses vêtements trempés d'eau salée ! Il n'avait absolument aucune idée de l'endroit où il était allé. Quelques années plus tard, il était dans un camp chrétien quand deux filles sont arrivées en courant dans la foule. L'une d'elles criait : « C'est vous l'homme ! C'est vous l'homme qui m'avez sauvée ! L'homme sur la jetée quand je suis tombée à l'eau ! Où êtes-vous allé ? » Il leur a dit : « Où était-ce ? Où est-ce que c'est arrivé ? » Elles étaient incrédules : « Vous savez où c'était ! Vous y étiez ! » Il a répondu qu'il n'avait aucune idée de l'endroit où cela s'était produit et leur a raconté toute l'histoire. Elles ont dit : « Eh bien c'était en Floride ! »

La dernière histoire est tirée de mon expérience personnelle. Il y a quelques années nous étions à une réunion de famille chez la mère de Denise. Le soir est arrivé et tout le monde parlait de ce qu'il fallait pour le repas. Finalement nous avons décidé d'aller chercher des pizzas et c'était mon boulot d'aller les chercher. Je suis sorti dans l'allée et j'ai déverrouillé la voiture. Au moment où je montais dans la voiture, je me suis rendu compte que j'avais oublié mon portefeuille. Je me suis souvenu qu'il était dans la chambre. Mais alors que j'allais entrer dans la maison pour le récupérer, une petite voix calme quelque part en moi m'a dit : « Ne t'en fais pas pour ça. » J'ai pensé : « *Ne t'inquiète pas pour ça ?* Je n'ai pas d'argent sur moi ! Il y en a plein dans mon portefeuille. Ce n'est pas un problème pour moi de retourner le chercher. J'en ai vraiment besoin ! » Mais une fois de plus, cette petite voix est venue : « Ne t'en fais pas pour ça. »

J'ai donc fermé la portière de la voiture et j'ai commencé à rouler en direction de la ville – à environ six kilomètres. Pendant tout ce temps je pensais : « Qu'est-ce que je suis en train de faire ?! Je ne connais pas le gars de la pizzeria. Ils ne vont pas me donner une pizza sans argent. Je devrais retourner chercher mon portefeuille ! » mais d'une certaine façon mon corps a continué de conduire la voiture ! Je suis arrivé à un coin de rue où je devais tourner à droite, je me suis arrêté et j'ai regardé la route. Rien ne venait. J'ai regardé de l'autre côté – la voie était libre. Et puis j'ai remarqué, emporté par le vent dans ma direction, qu'il y avait un billet de $10. Je n'avais jamais vu d'argent voler sur la route avant cela et je n'en ai pas revu depuis. Il a volé directement vers moi et une rafale de vent l'a soulevé au-dessus du capot de la voiture. J'ai pensé : « Je vais l'attraper ! » J'ai ouvert la portière et à ce moment-là le billet s'est envolé du capot pour se poser sur la route à côté de moi. La voiture que je conduisais était assez basse pour que je puisse le ramasser sans même sortir un pied de la voiture. J'ai refermé la portière et je suis allé chercher la pizza. Elle coûtait $9,95 ! J'avais beaucoup d'argent dans mon portefeuille à la maison, mais c'était comme si le Père me disait : « Tu penses que tu es le père de famille, mais je te montre juste que *je* suis ton Père ». C'était un grand miracle pour moi même si c'était une petite chose. Ça m'a fait réaliser à quel point nous ne sommes pas de ce monde.

Nous sommes les fils et les filles de Dieu. Alors que nous apprenons à marcher en expérimentant continuellement qu'il nous aime chaque jour nous deviendrons libres. Toutes les choses que nous déclarons comme étant des dons merveilleux et surnaturels de Dieu ne sont en réalité que des expressions de ce que nous sommes censés être. Alors que les fils et les filles de Dieu sont révélés, le royaume va être établi et ce monde va changer. Tout ce qui a été de Satan sera chassé. Le jour sera fixé pour le festin des noces de l'Agneau et nous serons tous présents. Le Père viendra et s'agenouillera à côté de vous pour essuyer toutes les larmes de douleur. Les Écritures disent « *...nous sommes maintenant enfants de Dieu, et ce que nous serons un jour n'a pas encore été révélé.* » (1 Jean 3:2). Quand nous serons au festin des noces, nous nous regarderons et nous dirons : « Nous n'en savions même pas la moitié !!! »

Nous sommes dans les temps où la mariée se prépare pour le

mariage de l'Agneau. Nous deviendrons l'épouse du Christ le jour des noces. Traditionnellement dans les mariages juifs l'époux ne rencontre pas son épouse avant le jour des noces. Avant cela elle est préparée pour lui. Un jour nous verrons Jésus face à face mais maintenant nous sommes en préparation pour ce jour.

Abraham (le Père) a envoyé dix chameaux chargés de cadeaux de sa maisonnée avec son serviteur (le Saint-Esprit) pour que Rebecca s'habitue à l'amour et à l'environnement familial qu'Isaac (Jésus) a connu toute sa vie. Maintenant c'est Dieu le Père qui nous comble de tout ce qu'il est et ce qu'il a afin que nous soyons préparés et rendus appropriés pour le mariage avec son fils.

« MAINTENANT NOUS SOMMES LES FILS DE DIEU »

Je sens pour la première fois de ma vie que je suis vraiment parvenu à comprendre ce qu'est réellement l'évangile. Il s'agit d'un Père qui a perdu ses enfants et qui veut simplement qu'ils reviennent. Parce que la majorité de la race humaine a une grande difficulté à aimer les figures d'autorité (la chute a corrompu la plupart des personnes au pouvoir par cette puissance) le Père n'est pas venu lui-même, mais il a envoyé son Fils pour le représenter parfaitement et nous ramener à lui à la maison.

Quelle personne extraordinaire est Dieu ! Et nous sommes ses fils et ses filles ! Je me réjouis du jour où nous verrons les fils et les filles exprimant pleinement cette réalité et leur liberté, s'élevant de chaque nation du monde, exposant et exprimant la personne, la nature et les œuvres de notre Père, marchant comme Jésus dans ce monde brisé.

SOURCES

Derek Prince, *Bulletin d'information de février 1998*.

C. S. Lewis, *A Grief Observed*, Faber et Faber, Londres, 1961.

Andrew Murray, *Abiding in Christ*, Bethany House Publishers, Minneapolis, Minnesota, 2003. Publié à l'origine en 1895 par Henry Altemus sous le titre *Abide in Christ*.

Augustin d'Hippone, cité par le Père Raniero Cantalamessa dans *Life in the Lordship of Christ*, Sheed and Ward, Kansas City, 1990.

UNE INVITATION...

Si vous avez apprécié la lecture de ce livre, nous vous invitons à une école 'A' de Fatherheart Ministries. Les écoles 'A' de Fatherheart Ministries se déroulent sur une semaine dans un environnement propice à la révélation de l'amour.

Les deux buts des écoles 'A' sont :

1. donner l'opportunité d'avoir une expérience personnelle majeure de l'amour que Dieu le Père a pour vous.

2. donner la compréhension biblique la plus forte possible de la place du Père dans la vie et la marche chrétienne.

Au cours de l'école on vous présentera la pleine perspective de la révélation de l'amour du Père. Grâce à une vision révélatrice et à un enseignement biblique solide raconté à travers la vie de ceux qui exercent le ministère, vous serez exposés à un message transformateur d'amour, de vie et d'espérance.

Il vous sera donné l'opportunité de supprimer les principaux blocages pour recevoir de l'amour du Père et de découvrir votre cœur en tant que vrai fils ou vraie fille. Jésus avait le cœur d'un fils pour son Père. Il a vécu dans la présence de l'amour du Père. L'évangile de Jean nous dit que tout ce qu'il a dit et fait était ce qu'il a vu et entendu son Père faire. Jésus nous invite à entrer dans ce monde comme ses frères et sœurs à lui le premier né.

Alors que nous ouvrons nos cœurs le Père verse son amour dans nos cœurs par le Saint-Esprit. Dans un cœur transformé par son amour, un changement véritable et durable peut se produire. Après des années d'efforts et de performances, beaucoup trouvent enfin le chemin du retour, vers un lieu de repos et d'appartenance.

Pour faire une demande d'inscription à une école 'A', visitez la page
« Schools & Events » sur

<u>www.fatherheart.net</u>

FATHERHEART MEDIA

Des exemplaires supplémentaires de ce livre et d'autres ressources de Fatherheart Media sont disponibles aux adresses suivantes :

www.fatherheart.net/store – Nouvelle-Zélande

www.amazon.com – Versions brochées et Kindle

FATHERHEART MEDIA

PO BOX 1039
Taupo, New Zealand 3330

Visitez-nous sur www.fatherheart.net

www.ingramcontent.com/pod-product-compliance
Lightning Source LLC
Chambersburg PA
CBHW051017060726
47593CB00016B/469